Land im Wind

Wetter und Klima in Schleswig-Holstein

Land im Wind

Wetter und Klima in Schleswig-Holstein

von Kurt-Dietmar Schmidtke
unter Mitarbeit von Wulf Lammers

WACHHOLTZ VERLAG

Umschlagfoto:
Windmühle in Lemkenhafen/Fehmarn
Sturmflut vor St. Peter-Ording

Fotos:
Kurt-Dietmar Schmidtke, Melsdorf

Karten: A. & S. Bertheau

ISBN 3 529 05320 1

Alle Rechte, auch die des auszugsweisen Nachdrucks, der fotomechanischen Wiedergabe und der Übersetzung vorbehalten.

Wachholtz Verlag, Neumünster 1995

Vorwort

Naturkräfte gestalten die Landschaften dieser Erde. Der Mensch fügt sich ein in das naturräumliche Geschehen und modifiziert es in begrenztem Maße nach seinen Vorstellungen, nutzt das Naturpotential nach Kräften und versucht mit technischen Mitteln, den mitunter zerstörerischen Naturkräften gegenzuhalten.

Zu den landschaftsgestaltenden Faktoren gehören der geologische Unterbau und seine Veränderungen durch Kräfte, die von innen und außen auf ihn einwirken. Dieser Thematik ist das Buch „Die Entstehung Schleswig-Holsteins" nachgegangen. Es stellt die Kräfte aus der gesteinsbildenden Vergangenheit der frühen Erdzeitalter dar, die eiszeitlichen Vorgänge in der jüngeren Erdgeschichte Schleswig-Holsteins und die gegenwärtig noch ablaufenden Prozesse an den Küsten.

Aber zu den Landschaft und Mensch ganz besonders beeinflussenden Geofaktoren zählen natürlich die physikalischen Vorgänge in der Atmosphäre, die als Wetter und Klima raumprägende Bedeutung erlangen. Das vorliegende Buch ergänzt die naturräumliche geologisch-morphologische Betrachtung Schleswig-Holsteins des Vorgängerbandes um den nicht minder wichtigen meteorologisch-klimatologischen Aspekt, der sich als Wetter und Klima auf die Landschaften ebenso auswirkt wie auf das Leben, das Arbeiten, das Wohnen und die Freizeitgestaltung des Menschen.

Natürlich werden Wetter und Klima in Schleswig-Holstein, wie überall auf der Erde, vom Zusammenspiel einer Vielzahl meteorologischer Elemente geprägt. Bei genauer Betrachtung erscheint jedoch eines dieser Elemente als besonders dominant in Schleswig-Holstein und gibt zugleich die Begründung für die Titelfindung „Land im Wind". In keinem anderen Land Deutschlands nämlich nimmt der Wind eine ähnlich bedeutende Rolle ein wie in Schleswig-Holstein. Als einziges Bundesland liegt es zwischen zwei Meeren, über die der Wind mit besonders hoher Geschwindigkeit auf Schleswig-Holstein zuweht, dabei reine Luft ins Land hineinträgt und einen modifizierenden Einfluß auf die anderen Wetterelemente ausübt. Andererseits wirken Lage und Relief der schleswig-holsteinischen Landschaften auf Wind und Wetter ein.

Ziel des Buches ist es, ein realistisches und aktuelles Bild des Schleswig-Holstein-Wetters und des herrschenden Klimas entstehen zu lassen, Vorurteile und Fehleinschätzungen ebenso auszuräumen wie auch mancherlei überraschende Erkenntnisse und Zusammenhänge darzustellen. Dabei beschränkt sich das Buch nicht auf die meteorologisch-physikalischen Fakten, die wegen des breiten Interesses am Thema in allgemeinverständlicher Form präsentiert werden, sondern bezieht in landeskundlicher Betrachtungsweise Mensch und Landschaft in die meteorologisch-klimatologische Thematik mit ein. Die Konzeption folgt der des geologisch-morphologischen Vorgängerbandes. In Kombination von Texten mit reicher Illustration durch Bilder, Karten und Grafiken und ohne informative Überfrachtung wird versucht, Verständnis für die Zusammenhänge und Anschaulichkeit in einem teils konkreten, überwiegend jedoch eher abstrakten Themenbereich zu vermitteln.

Die Enstehung eines solchen Buches ist ohne die Bereitstellung von Materialien und ohne fachliche Hilfe von außen nicht denkbar. An dieser Stelle sei deshalb sehr herzlich dem Deutschen Wetterdienst – Wetteramt Schleswig – gedankt, das die erforderlichen, in vorliegender Form zumeist unveröffentlichten Daten zur Verfügung stellte, auf denen Texte, Grafiken und Karten basieren. Von großer Hilfe war in diesem Zusammenhang die Sachkenntnis von Herrn Diplom-Meteorologen Wolfgang Klockow, ehemaliger Klimadezernent im Wetteramt Schleswig, der bei der Datenbeschaffung, der Auswertung von Informationen und in kritischer Begleitung des Manuskriptes ein wichtiger Ratgeber war.

Kurt-Dietmar Schmidtke

Inhaltsverzeichnis

Gesprächsstoff Nr. 1:
   Das Schleswig-Holstein-Wetter 8

Unbeständigkeit als Markenzeichen 10

Temperaturen für Pullover und Bikini 12

Die Ermittlung des Jahresdurchschnittswertes 12
Der Jahres- und Tagesgang der Temperatur 13
Kleinklimatische Temperaturunterschiede 20

Schleswig-Holstein – Sonnenland? 24

Spitzenwerte im bundesrepublikanischen
Vergleich 24
Die bevorzugten Küsten 26
Sonnenbad ohne Reue 30
Die Nutzung der Sonnenenergie
in Schleswig-Holstein 32

Niederschläge – besser als ihr Ruf 36

Menge und Verteilung der Niederschläge 36
Von Aufgleit-, Einbruchs- und
Konvektionsniederschlägen 37
Steigungsregen in Schleswig-Holstein 40
Luftmassenstau durch Bodenreibung 40
Die reliefbedingte Niederschlagsdifferenzierung
im Lande 41
Nebel 46

Blitz und Donner über Schleswig-Holstein 48

Entstehung der Gewitter 48
Gewitterärmstes Land in Deutschland 49

Land im Wind 52

Ursachen des Windes 52
Windstärken und Windrichtungen 54
Die See- und Landwind-Zirkulation 58
Wind als Landschaftsgestalter 60
Stürme und Küstenschutz 62
Die Nutzung der Windkraft früher und heute 66

**Sonne, Luft und Wind
für Sport, Gesundheit und Erholung** 70

Die klimatischen Reizstufen 70
Wichtigstes Umweltkapital – die reine Luft 74
Der Wind in den Händen: Typische Sportarten 76
Mit dem Wind über Schleswig-Holstein:
Segelfliegen und Ballonfahren 82

Wetterrekorde in Schleswig-Holstein 86

Himmelsfarben über Schleswig-Holstein 88

Jahreszeiten in Schleswig-Holstein 92

Der Winter 94
Der Frühling 98
Der Sommer 102
Der Herbst 106
Die 5. Jahreszeit 110
Die phänologischen Jahreszeiten 112

Blick in die Zukunft 114

Globale Trends 114
Regionale Trends 115
Die Schlußfolgerungen 115

Literatur 116

Gesprächsstoff Nr. 1: Das Schleswig-Holstein-Wetter

Trifft man unvermutet einen Bekannten auf der Straße, so wird in Ermangelung spontaner Ideen das Gespräch oft mit dem augenblicklichen Zustand des Wetters und seinen Aussichten eröffnet. Das Thema erscheint prädestiniert für seine gesprächsweise Verwendung, da es stets präsent ist, gesellschaftliche und politische Neutralität garantiert und jeder Mensch in irgendeiner Weise vom Wetter betroffen ist. Ob Freizeit oder Arbeit, Verkehr oder Gesundheit, Ernährungsgewohnheiten und Schlafverhalten, das Wetter wirkt immer mit.

Allerdings werden Gespräche über das Wetter sehr oft mit abergläubisch entstellten, irrigen Meinungen über Ursachen und Wirkungen von Wetterabläufen geführt. Nicht selten kommen auch aus dem Volksmund-Repertoire stammende, aussagelose Sprüche über die Lippen wie z.B.: „Wenn der Hahn kräht auf dem Mist, ändert sich das Wetter, oder es bleibt so, wie es ist." Im Grunde spiegelt sich in solcher, an Banalität kaum zu übertreffender Wetterprophetie die tiefe Hilflosigkeit und Unwissenheit vieler Menschen wider, die am Himmel beobachtbaren Erscheinungen zu interpretieren.

Vielfach wird über das Schleswig-Holstein-Wetter geschimpft, ja, die Unzufriedenheit mit dem Wetter scheint kaum zu überbieten zu sein. Ist das Wetter zu kühl und regnerisch, wird genörgelt. Scheint dann die Sonne, und es wird heiß, schlägt die anfängliche Freude über den Wetterumschwung rasch erneut in Nörgelei um; denn nun ist es ja viel zu heiß. Mal ist es zu naß, mal zu kalt, mal zu trocken, zu neblig oder zu windig. Oft heißt es: „Lieber gar kein Wetter als dieses".

Alle reden vom Wetter; das ist sicherlich wahr. Nur über das Klima wird kaum gesprochen. Eigentlich ist das nicht erstaunlich; denn Klima ist etwas sehr Abstraktes. Es setzt sich zusammen aus statistisch gewonnenen Mittelwerten der verschiedenen Wetterelemente über einen sehr langen, meist 30jährigen Zeitraum. Klima stellt also eine abstrakte zeitliche Verallgemeinerung dar. Das Wetter hingegen ist konkret, umgibt uns, ist beobachtbar, erlebbar, beeinflußt uns und unser Handeln unmittelbar. Es drückt sich aus in den ständig wechselnden Werten meteorologischer Größen wie Strahlung, Temperatur, Bewölkung, Niederschlag, Luftdruck und Wind, die in

Kurgäste an einer Wetterstation

Der Hahn – ein Wetterprophet?

Zuschauer im Kalkbergtheater von Bad Segeberg bei Sonne… und bei Regen

ihrem Zusammenspiel den augenblicklichen Zustand der Atmosphäre kennzeichnen. Wenn das Wetter über einige Tage ähnlich bleibt, sprechen die Meteorologen von der herrschenden Witterung. Aber – wie gesagt – nur das Wetter ist in aller Munde.

Wer zum Urlaub nach Schleswig-Holstein fährt, d.h. in die maritim bestimmte, feucht-gemäßigte Klimazone, erhofft für sich und seine Familie schönes Wetter. Das klappt zwar oft, aber leider nicht immer. Wer Pech hat und sein Urlaub fällt in eine regnerische Periode, wünscht sich vielleicht, daß dieses schöne Land unter ein Dach gehören möge, was mitunter Kurdirektoren oder private Investoren mit dem Bau von glasüberdachten Freizeiteinrichtungen auch durchaus wörtlich nehmen. Im Kurbetrieb heißt das dazugehörige Stichwort „Saisonverlängerung".

Aber eben diese Kurdirektoren sind es, die von der volkstümlichen Trennung in Schönwetter oder Schlechtwetter überhaupt nichts wissen wollen. Sie reihen sich ein in die Menge derjenigen, die meinen, es gäbe in Schleswig-Holstein gar kein schlechtes Wetter, sondern allenfalls trügen die Menschen falsche Kleidung. Von Beruf aus zum Optimismus verpflichtet, drücken die Kurdirektoren das allerdings eleganter aus. Für sie gibt es nur das gute und das gesunde Wetter, was ja so falsch auch nicht ist.

Wie subjektiv die Bewertung des Wetters ist, zeigen nicht zuletzt die Landwirte. Schönwetter erweist sich für die bäuerlichen Betriebe oft als Schlechtwetter, nämlich dann, wenn Wiesen, Weiden und Felder Wasser dringend brauchen. Umgekehrt wird so aus Schlechtwetter Schönwetter. Daher ist es verständlich, daß es auch für die Landwirte keine Unterscheidung in Schönwetter und Schlechtwetter gibt, sondern allenfalls Schönwetter und Regenwetter, wobei negatives und positives Image beiden Begriffen zuteil werden kann, je nach Bedarf in den landwirtschaftlichen Anbau- und Erntezyklen.

Man sieht, über Regen oder Trockenheit, Kälte oder Wärme, Wind oder Flaute gibt es die unterschiedlichsten Meinungen; und diese hängen ab von persönlichen bzw. beruflichen Interessen sowie von gesundheitlichen Befindlichkeiten. Das Wetter, das es allen recht macht, das gibt es nicht; glücklicherweise, ginge uns doch sonst womöglich der Gesprächsstoff aus.

Unbeständigkeit als Markenzeichen

Wurde eingangs auf die besondere Vorliebe des Menschen für die Nutzung des Wetters als Gesprächsstoff hingewiesen, so bedarf diese Behauptung doch einer regionalen Einschränkung. Sie bezieht sich nämlich nur auf jene globalen Zonen, in denen das Wetter durch häufige und rasche Veränderlichkeit die Voraussetzung für eine immerwährende Notwendigkeit zu seiner Beobachtung und Auseinandersetzung mit ihm schafft. Von einem Nomaden in der Sahara wird man kaum den Satz hören: „Ach, ist das wieder eine Hitze heute, finden Sie nicht auch?", und ein Pygmäe im tropischen Regenwald wird sich gewiß nicht über das tägliche Gewitter und die Schwüle der Luft aufregen.

Das ist in den mittleren Breiten der nördlichen und südlichen Halbkugel anders. Wetterwechsel vollziehen sich plötzlich und mit selbst für Fachleute überraschenden Veränderungen. Das Zusammenwirken der meteorologischen Elemente Strahlung, Temperatur, Feuchte, Luftdruck u.a. ergibt hier nämlich ein äußerst variables Spiel des Wettergeschehens.

Der amerikanische Mathematiker John von Neumann philosophierte einmal: „Das schwerste ist, das menschliche Verhalten vorauszusagen, das zweitschwerste, das Wetter vorauszuberechnen." Das mag auf amerikanische Verhältnisse zutreffen. Aber der Mann kennt offensichtlich Schleswig-Holstein nicht. Sonst würde die Rangfolge in seiner Äußerung womöglich andersherum verlaufen und damit dem Problem gerecht werden, das den Meteorologen des Deutschen Wetterdienstes in Schleswig und im Seewetteramt Hamburg die großen Kopfschmerzen bereitet.

Die Ursachen dieser vertrackten Vorhersagesituation – eben die Unbeständigkeit des Schleswig-Holstein-Wetters – liegt im Zusammentreffen maritimer Luftmassen aus dem Atlantikbereich mit osteuropäisch-kontinentalen Luftmassen, zu denen sich noch südeuropäische Warmluft und nordeuropäische Kaltluft gesellen. Der Feuchtigkeitsgehalt der Luftmassen variiert äußerst stark, ebenso wie ihre jeweilige Durchschlagskraft auf das schleswig-holsteinische Wetter.

Es gibt keine Normalität im Wettergeschehen – außer man kennzeichnet damit die Unbeständigkeit. Schleswig-Holstein liegt zwar im immerfeuchten gemäßigten Klimabereich des Westwindgürtels; aber was heißt das konkret z.B. für den Sommer. Der kann kühl und verregnet sein, aber auch trocken und warm. Der Winter ist mild und feucht oder auch trocken und kalt. Es gibt in Schleswig-Holstein keine ausgesprochenen Trocken-

*Wetterwechsel nach dem Durchzug einer Front.
Das Auftauchen der untergehenden Sonne hinter einer Regenfront verspricht Wetterbesserung für den nächsten Tag.*

und Regenzeiten, wie z.B. in tropischen Savannenklimaten. Es regnet in allen vier Jahreszeiten in unterschiedlicher Länge und Intensität. Dazu differenziert sich das Klima regional sehr stark. Örtliche Abweichungen bis zu einem Drittel vom Durchschnittswert des Landes sind möglich. Regenarmen Landstrichen an der Ostseeküste stehen Gebiete in Dithmarschen oder um Schleswig herum gegenüber, die relativ regenreich sind. Ähnliche Unterschiede gibt es in der Zahl der Sonnenstunden, und auch die Temperaturen schwanken zwischen eher maritim ausgeglichenen und eher kontinental geprägten Werten mit größeren Unterschieden zwischen Sommer und Winter sowie Tag und Nacht.

Der Dauer- und Machtkampf über Schleswig-Holstein zwischen Hoch- und Tiefdruckgebieten, zwischen Azorenhoch und Islandtief, zwischen Meeres- und Festlandsluft, dazu die saisonalen Schwankungen und regionalen Unterschiede innerhalb des Landes zwischen Nord und Süd einerseits und Ost und West andererseits, – das alles macht die Wettervorhersage für die Meteorologen so schwierig. Um so erstaunlicher ist die Vorhersagequalität. Die Trefferquote für die nächsten 24 Stunden liegt bei 87 Prozent. 13 Prozent Fehlvorhersagen bei 365 Tagen im Jahr entsprechen einer Zahl von weniger als 50 falschen Vorhersagetagen oder nur 4 Tagen im Monat. Möglich wird diese Dienstleistung für uns alle durch den Einsatz modernster Technik, z.B. mit den superschnellen Großrechenanlagen in Offenbach, mit Satellitenbeobachtung und Wetterballons, die Radiosonden bis in die Stratosphäre tragen.

Trefferquote der Wettervorhersage	
24 Stunden	87 %
48 Stunden	85 %
4 Tage	80 %
6 Tage	75 %

Aufstieg einer Radiosonde vom Wetteramt Schleswig

Klimagarten des Wetteramtes Schleswig

Temperaturen für Pullover und Bikini

Die Ermittlung des Jahresdurchschnittswertes

Die Strahlung der Sonne setzt in der Atmosphäre eine Reihe von Prozessen in Gang, die als Wetterelemente entweder jeder für sich oder in Wechselbeziehung zueinander für Mensch und Natur unmittelbare Auswirkungen zeigen. Annehmlichkeit oder Unannehmlichkeit von Wetter und Klima wird vor allem von drei Wetterelementen bestimmt: der Temperatur, dem Niederschlag und der Sonnenscheindauer.

Die Temperatur spielt innerhalb der Wetterelemente insofern eine besondere Rolle, als sie Dichte- (Druck-)Unterschiede in der Lufthülle verursacht, als deren Folge sich Luftbewegungen ergeben.

Die Lufttemperaturwerte werden in sogenannten Wetterhütten 2 m über dem Erdboden gemessen. Höhe und Belüftung der innen wie außen weiß gestrichenen Wetterhütten schließen Störeinflüsse durch direkte Einstrahlung von der Sonne oder Ausstrahlung vom Erdboden aus und erlauben die Vergleichbarkeit der Werte sämtlicher Meßstationen. Davon gibt es in Schleswig-Holstein 32. Zu festgelegten Ortszeiten (um 7.30, 14.30 und 21.30 Uhr MEZ, in der Sommerzeit + 1 Stunde) werden die Tagestemperaturen abgelesen und daraus der Tagesdurchschnittswert für den Meßort errechnet. Das geschieht nach der Formel:

$$\frac{t(7.^{30}) + t(14.^{30}) + 2t(21.^{30})}{4} = \text{Tagestemperatur}$$

Zum Beispiel:
$$\frac{15° + 27° + 2 \times 20°}{4} = 20{,}5° \text{ C}$$

Aus den täglichen Durchschnittswerten entstehen die Monatsmittelwerte und aus diesen der Jahresdurchschnittswert. Der klimatische Durchschnittswert für einen Ort errechnet sich wiederum aus einer Meßreihe von 30 Jahren. Mit Hilfe dieses langen Zeitraumes können die Jahresschwankungen auf einen Mittelwert angeglichen werden. Die aktuellen Meßreihen des Deutschen Wetterdienstes beziehen sich auf die Jahre 1961–1990. Die Ergebnisse aller 32 Meßstationen in Schleswig-Holstein gehen ein in die Monatsdurchschnittswerte für das gesamte Land und in den Jahresdurchschnittswert gemäß der untenstehenden Tabelle.

Ein verwirrendes Ortsschild

Für sich genommen ist ein Jahresdurchschnittswert eine sehr abstrakte, eher rechnerisch bestimmte Größe, deren Aussagekraft sich erst im Vergleich mit Durchschnittswerten anderer Regionen wenigstens teilweise erschließt.

München-Riem	7,8	Nürnberg	8,8
Arkona/Rügen	7,9	Hannover	8,9
Schwerin	8,4	Stuttgart	9,5
Kiel	8,5	Essen	9,6
Hamburg	8,6	Frankfurt	9,7
Kassel	8,6	Freiburg	10,7

Mittlere Jahrestemperaturen ausgewählter Orte in °C

Schließlich muß berücksichtigt werden, daß der Landesdurchschnitt zwischen den Jahreszeiten sowie den unterschiedlich temperierten Regionen innerhalb des Landes äußerst stark nivelliert und erst die differenzierte Betrachtung einer Teillandschaft den Temperaturen gerecht werden kann.

Jan	Feb	März	April	Mai	Juni	Juli	Aug.	Sept.	Okt.	Nov.	Dez.	**Jahr**
0,3	0,7	3,1	6,5	11,3	14,8	16,2	16,1	13,2	9,5	5,1	1,9	**8,2**

Mittlere Monats- und Jahrestemperaturen in Schleswig-Holstein (1961–1990)

Der Jahres- und Tagesgang der Temperatur

Mallorquinische Verhältnisse der Temperaturen wird in Schleswig-Holstein niemand erwarten; und wer auf der Balearen-Insel schon einmal bei 42 Grad C einen in Passivität erstarrten Urlaub verbracht hat, wird die gemäßigten Sommertemperaturen im Land zwischen Nord- und Ostsee zu schätzen wissen.

Die Lage zwischen zwei Meeren übt den entscheidenden Einfluß auf die Höhe sowie auf den Jahres- und Tagesgang der Temperaturen aus. Das Wasser besitzt eine ungleich höhere Wärmespeicherfähigkeit als der Erdboden. Andererseits erfolgt die Erwärmung des Landes rascher, sowohl im jahreszeitlichen, wie im tageszeitlichen Verlauf. Dafür gibt das Meer seinen Energievorrat langsamer ab als das Land. Die besonderen physikalischen Eigenschaften des Wassers ergeben über der Meeresoberfläche die folgenden charakteristischen Temperaturverläufe.

Im Tageslauf: Sehr geringfügiger Anstieg der Wassertemperatur an einem strahlungsreichen Sommertag. Minimaler Temperaturverlust in der Nacht. Die Kurve der

Blick in eine Wetterhütte

Lufttemperatur über dem Meer verläuft daher relativ ausgeglichen.

Im Jahreslauf: Die jahreszeitliche Temperaturkurve über dem Meer ist gekennzeichnet durch einen allmählichen Anstieg der Temperatur im Frühjahr und Sommer mit Erreichen des Temperaturmaximums etwa 6 bis 8 Wochen verspätet gegenüber dem Sonnenhöchststand. Im Vergleich zur Landoberfläche hält das Meer seine Wärme im Herbst und Winter sehr viel besser.

Daran – relative Frühjahrs- und Sommerkühle sowie milder Herbst und Winter – partizipieren die Inseln und Küstenregionen an der Nordsee mehr als das Land in der Nähe der Ostseeküste, zumal die Winde in der Mehrzahl aus westlichen Richtungen wehen und im Frühjahr und Sommer die kühle Meeresluft zur Westküste transportieren. Die Luftmassen können sich jedoch im weiteren Verlauf ostwärts über Schleswig-Holstein erwärmen. Im Herbst und Winter hingegen kühlt sich die milde Meeresluft über dem kälteren Festland ab und erreicht mit niedrigeren Temperaturen die Ostseeküste. Bei den weniger häufigen Ostwinden kehren sich die Verhältnisse allerdings um.

Je küstenferner die Orte liegen, um so kontinentaler wird das Klima, d.h. die tageszeitlichen und jahreszeitlichen Temperaturkurven neigen zu stärkeren Ausschlägen.

Der unterschiedlich große maritime Einfluß spiegelt sich wider in den Karten der Januar- und Julitemperaturen im Lande. Noch deutlicher wird er jedoch in der Zahl der heißen Tage (Tropentage), Sommertage, Frost- und Eistage.

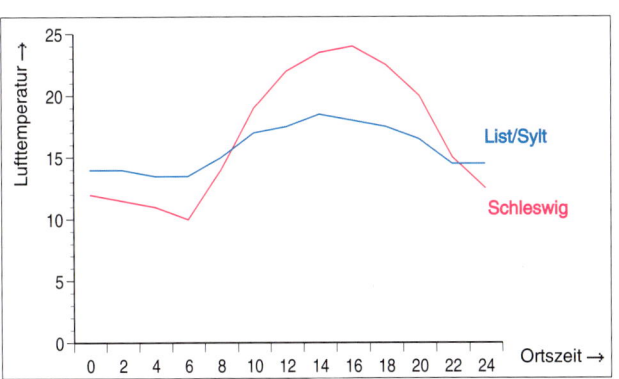

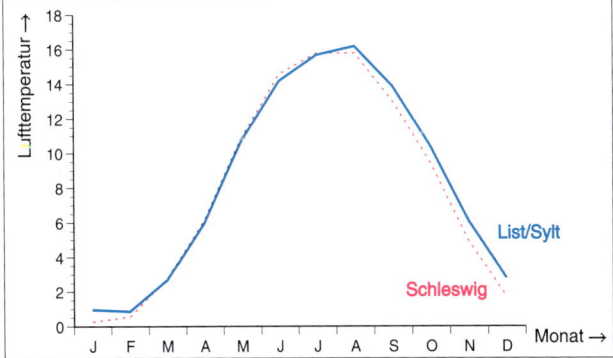

Tages- und Jahresgang (unten) der Temperatur

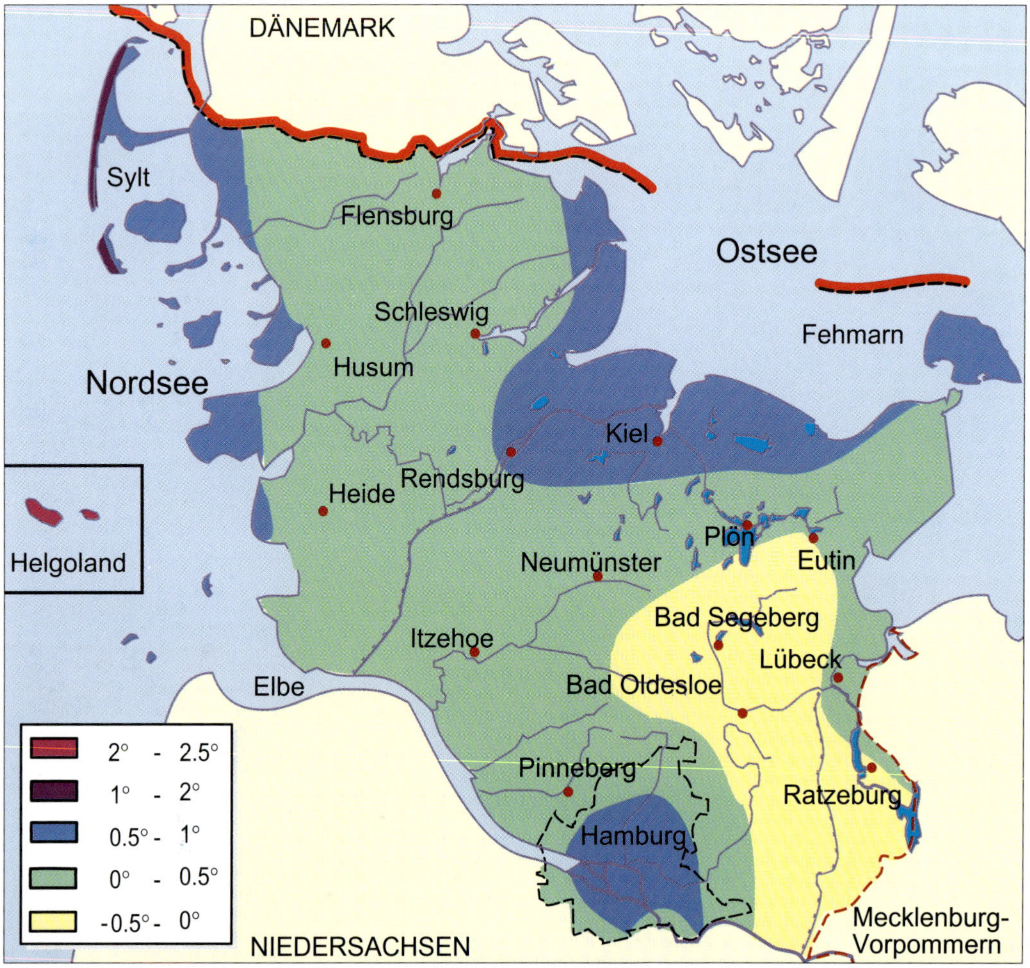

*Mittelwerte der Temperatur im **Januar** (1961–1990). Aufgrund der relativ warmen Nordsee liegt die Mitteltemperatur auf Helgoland am höchsten. Zum Festland hin sinken die Temperaturen ab, steigen zum Nordosten etwas an und erreichen ihre Minima schließlich im Südosten des Landes, wo kontinentale Kälte sich stärker durchsetzen kann.*

*Mittelwerte der Temperatur im **Juli** (1961–1990). Auffällig ist die Nord-Süd-Gliederung. Der Norden Schleswig-Holsteins steht stärker unter dem Einfluß des Meeres und ist im Sommer relativ kühl. Der eher kontinental bestimmte Süden weist die höheren Temperaturen auf. Etwa beiderseits des Nord-Ostsee-Kanals werden mittlere Werte erreicht. Unterschiedliche Bewölkungsgrade differenzieren das Temperaturbild regional.*

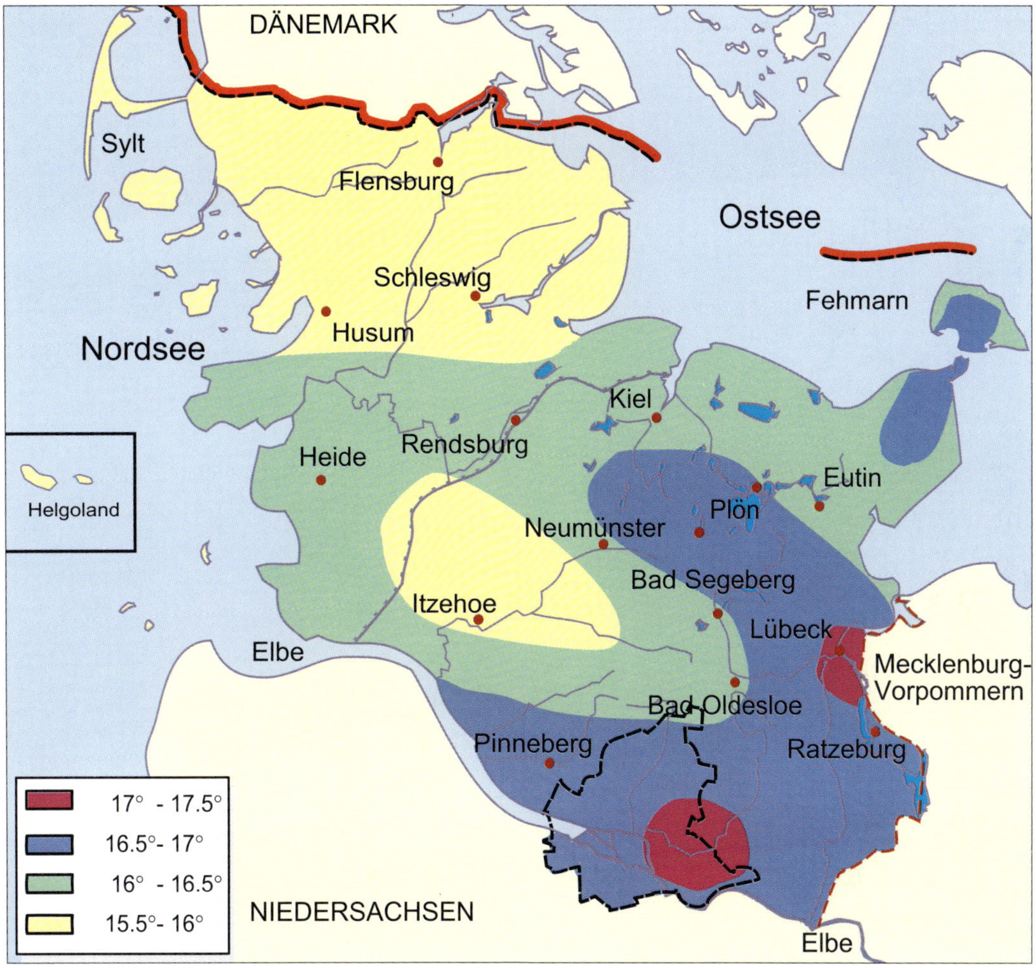

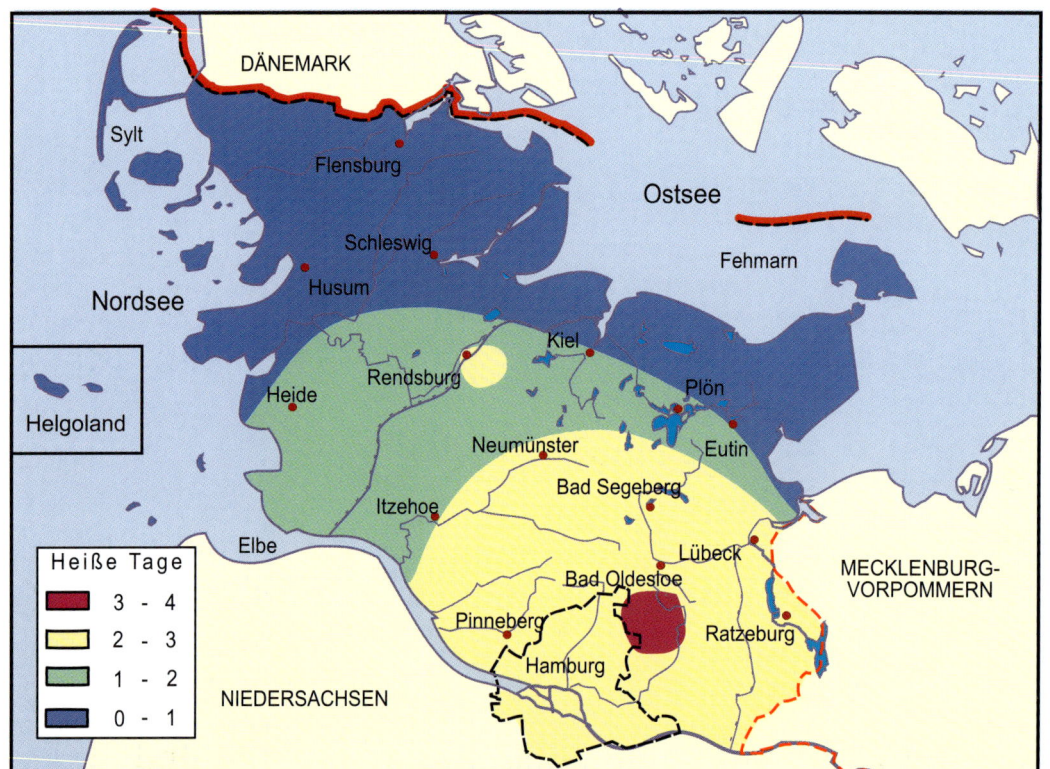

Heiße Tage im Jahresmittel (1961–1990). Hier liegt der höchste Anteil erwartungsgemäß in den südlichen Landesteilen (Maximum mit 3,3 Tagen im Raum Ahrensburg). Meereseinfluß und Seewinde mildern die Temperaturen im Küstenbereich (Helgoland 0 Tage).

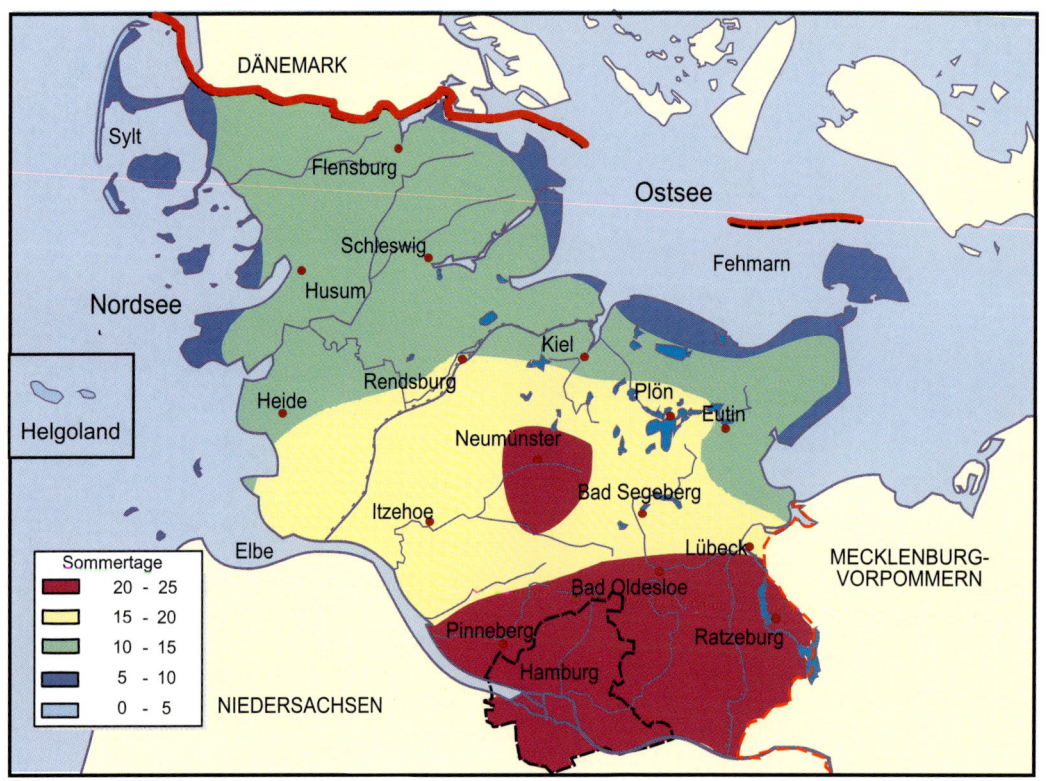

Sommertage im Jahresmittel (1961–1990). Auch hier wirkt die Nähe bzw. Ferne zum Meer differenzierend. Das Minimum liegt auf Helgoland mit 0,7 Tagen im Jahr, das Maximum findet man zwischen Lübeck und Lauenburg (Grambek/Mölln 22,3 Tage).

Methoden der Abkühlung
Wenn sich im Sommer der Keil des Azorenhochs oder das Skandinavienhoch nach Schleswig-Holstein erstreckt, bedeutet dies in der Regel eine längere Periode sonnig-warmer Witterung. Dann schwitzen die Menschen im Binnenland, während Meer und Seewind an den Küsten die Temperaturen etwas mildern. Manch „armer Hund" läßt dann die Zunge hängen, während die Kinder wie auch die Erwachsenen andere Möglichkeiten der Abkühlung finden. Die Wassertemperaturen an Nord- und Ostsee können bei sommerlichen Hochdrucklagen 20 ° C erreichen und manchmal sogar noch überschreiten. Die bei Ebbe sonnenbestrahlten Wattflächen an der Nordsee geben ihre gespeicherte Wärme an das Flutwasser ab, so daß das Badewasser an der Wattküste zumeist noch etwas wärmer ist als an der freien See.

Die Meteorologie definiert heiße Tage, Sommer-, Frost- und Eistage durch Schwellenwerte:
– heiße Tage: Temperaturmaximum mindestens 30 Grad C
– Sommertage: Temperaturmaximum mindestens 25 Grad C
– Frosttage: Temperaturminimum unter 0 Grad C
– Eistage: Temperaturmaximum unter 0 Grad C

Die Bedeutung der Entfernung zum Meer richtig einschätzend ergibt sich für alle extremen Werte ein Minimum an Tagen in Küstennähe und ein Maximum in Küstenferne. Vor allem im kontinentalen Süden und Südosten des Landes fallen die Temperaturextreme stärker ins Gewicht, während im Norden der atlantische Einfluß bis hinein in das Gebiet der Schleswiger Geest stärker ausgeprägt ist und nur eine geringere Schwankungsbreite der Temperatur zuläßt.

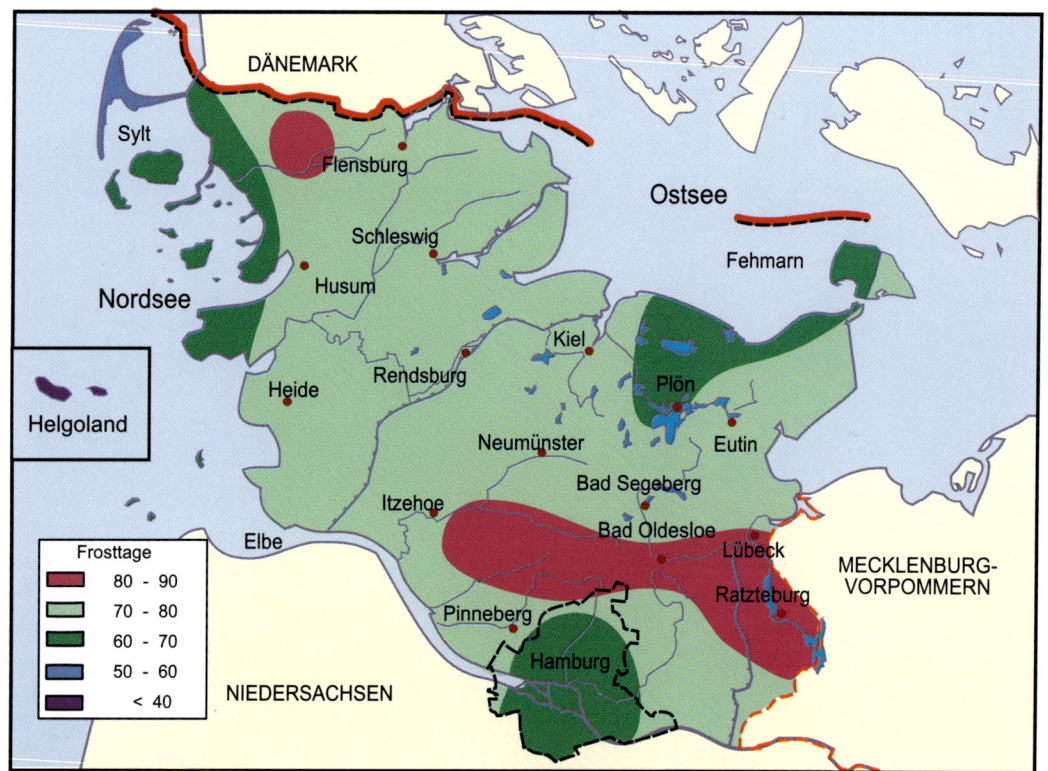

Frosttage im Jahresmittel (1961–1990). Die Zahl schwankt zwischen 36,5 (Helgoland) und 84,3 (Grambek/Mölln) und spiegelt erneut die Bedeutung von Maritimität und Kontinentalität wider.

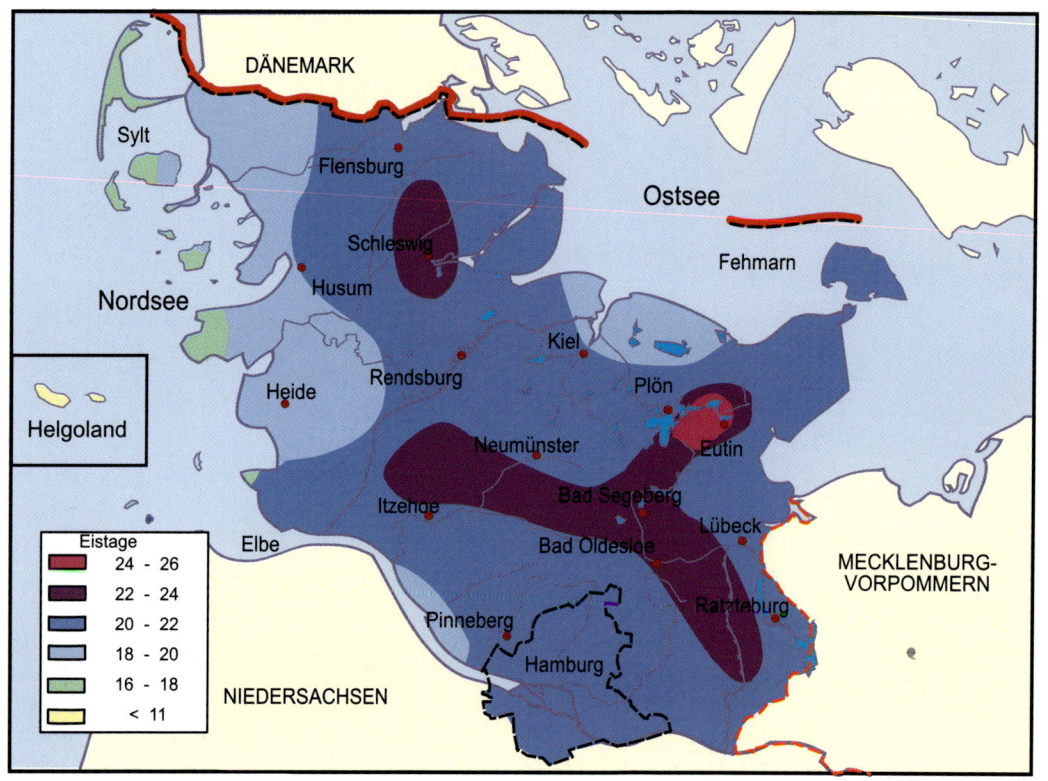

Eistage im Jahresmittel (1961–1990). Mit Ausnahme von Helgoland (10,7) bewegt sich die Zahl der Eistage im engen Bereich zwischen 17,7 (St. Peter-Ording) und 24,1 (Eutin).

Winteraktivitäten in Schleswig-Holstein
Schneefall im Winter gehört in Schleswig-Holstein zur Normalität, leider auch, daß er auf temperiertem Boden oft mittels herangeführter Warmluft ebenso rasch wieder schmilzt, wie er gefallen ist. Wenn es dann jedoch endlich „Stein und Bein" friert, ist der Schneefall wegen kältebedingter geringer Luftfeuchtigkeit eher bescheiden. Gut für die Eissportler, weniger gut für Rodler und Skiläufer. Schließt sich allerdings an ausgiebige Schneefälle eine längere Kälteperiode an, herrscht auf Deutschlands längster Rodelbahn – den schleswig-holsteinischen Deichen – reger Betrieb. Hasen im dunklen Fell auf hellen Schneeflächen haben kaum eine Chance, unentdeckt zu bleiben, was wohl die bunt gekleideten „Skihasen" auch erst gar nicht wollen, wenn sie neben Deutschlands nördlichstem Skilift auf dem Bungsberg den Hang herabwedeln.

Kleinklimatische Temperaturunterschiede

Es ist eine verbreitete irrige Vorstellung, daß die Sonne die Luft direkt aufheizt. Tatsächlich handelt es sich bei der solaren Strahlung um Energie, die erst am Erdboden (oder einer beliebigen Oberfläche) in Wärmestrahlung umgewandelt wird. Der Erdboden ist die Heizfläche; und die Luft wird von unten erwärmt.

Entscheidend dabei ist die Beschaffenheit der Erdoberfläche. Je heller sie ist, um so mehr Strahlung wird ohne Umwandlung in Wärme wie von einem Spiegel zurückgeworfen. Dunkle Oberflächen hingegen absorbieren mehr Strahlung, erhitzen sich stark und geben entsprechend viel Wärme an die Luft ab. Die untenstehende Grafik macht deutlich, welche Auswirkungen dieser Aspekt im Sommer stadtklimatisch verursacht, darüber hinaus aber auch, welchen ausgleichenden Einfluß Wald- und Seenlandschaften auf die Temperatur ausüben, wovon z.B. die Naturparks Lauenburgische Seen oder Holsteinische Schweiz in besonderem Maße profitieren.

In den Großstädten wird die Oberfläche durch die Höhe der Häuser vervielfacht. Beton- und Steinflächen, der Asphalt der Straßen speichern die Wärme und können eine Art „Backofenhitze" erzeugen. Insgesamt sind die Stadtkerne im allgemeinen um 0,5 bis 1 Grad C wärmer und übrigens auch entsprechend schwüler als die ländliche Umgebung. Die Schwüleempfindung wird verstärkt durch die geringere Windgeschwindigkeit, die durch die Bremswirkung der Gebäude entsteht. Zusammen mit der Abwärme von Industrie, Verkehr, Raumheizung sowie dem erhöhten Staub- und Schwebstoffanteil entsteht eine belastende Wirkung des Stadtklimas. Dies gilt für die schleswig-holsteinischen Städte sicherlich auch, aber in stark eingeschränktem Maße; denn der Wind weht nirgendwo in Deutschland so stark wie im Land zwischen den Meeren, so daß die Belüftung der Städte um

Maulbeerbaum auf Helgoland

Wiesennebel

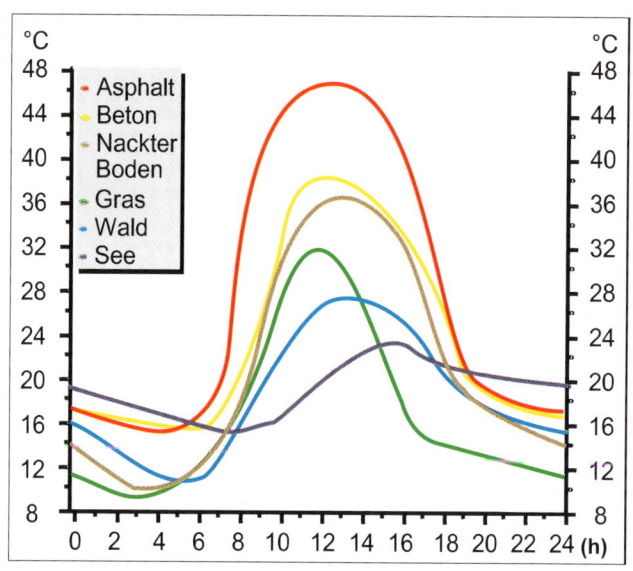

Oberflächentemperaturen an einem hochsommerlichen Strahlungstag auf verschiedenem Untergrund

Sommer im Kieler Schrevenpark: Städter lagern auf der Sonnenwiese und teilen sie mit den Enten und Gänsen aus Deutschlands größtem Freigehege für Wasservögel.

ein Vielfaches besser ist als in windschwachen Regionen im mittleren oder südlichen Deutschland. Städtische Gewässer und Parks bleiben natürlich auch in schleswig-holsteinischen Städten nicht nur als kleinklimatisch besondere Erholungsräume, sondern auch für das Naturerlebnis unverzichtbar.

Als mikroklimatische Besonderheit ist der eigentlich im mediterranen Raum angesiedelte Maulbeerbaum auf Helgoland zu nennen. 1806 auf dem Helgoländer Oberland angepflanzt hat er als einziger Baum der Insel sogar das Bombardement-Inferno des letzten Krieges überstanden. Der Einfluß des Meeres sorgt für ein nahezu frostfreies Klima auf Helgoland (Jahresdurchschnitt 2,5 Grad C, zum Vergleich: Landesmittel 0,3 Grad C), so daß die vegetationsbegrenzende Frostwirkung entfällt und dem Maulbeerbaum das Wachstum ermöglicht wird. Mitunter blühen die Rosen auf Helgoland sogar noch zur Weihnachtszeit.

Hohe Temperaturen bei gleichzeitig geringen Niederschlägen erzwingen vor allem auf den leichten und durchlässigen Sandböden der Geest die Feldberegnung. Besonders Hackfrüchte (Kartoffeln, Rüben) benötigen viel Wasser, während Getreide – in der Wildform eine Steppenpflanze – genügsamer ist.

An warmen Sommertagen sind auch in Schleswig-Holstein die Straßencafés und Biergärten sehr beliebte Ausflugsziele. Immer mehr Gastwirtschaften erweitern ihre Betriebsfläche nach draußen, wenn das Wetter es erlaubt. Sie vermitteln ein wenig von südländisch-mediterraner Atmosphäre, wie hier vor dem Trave-Schifffahrtsweg in Travemünde.

In kalten Wintern gefriert selbst das salzige Nordseewasser, das mit 3,3 % Salzgehalt einen niedrigeren Gefrierpunkt aufweist als das Süßwasser der Seen. Das Wattenmeer bedecken Eisschollen und erschweren den überwinternden Vogelschwärmen die Nahrungssuche im Schlick.

Glatteis auf den winterlichen Straßen Schleswig-Holsteins. Oft bildet sich Schneematsch, der von Räumfahrzeugen beseitigt wird. Was den Autoverkehr und die Arbeit des Räumdienstes erschwert, ist der zumeist rasche Wechsel zwischen Frost- und Tauwetter und bei Temperaturen um den Gefrierpunkt das örtlich plötzlich vorhandene Glatteis.

23

Schleswig-Holstein – Sonnenland?

Spitzenwerte im bundesrepublikanischen Vergleich

Der Energiestrom der Sonne ist unerschöpflich. Die Grundquelle allen Lebens strahlt der Erde eine Energiemenge zu, die – wie Meteorologen errechnet haben wollen – innerhalb von 7 Minuten den Weltenergiebedarf eines Jahres decken könnte.

Auf dem Weg durch die Atmosphäre erfährt die solare Strahlung eine Abschwächung durch Reflexion an der Wolkenobergrenze, durch Absorption an Luftteilchen und durch diffuse Streuung. Je niedriger der Einfallswinkel der Sonnenstrahlung ist, um so größer sind die Strahlungsverluste auf dem Weg zur Erdoberfläche. Davon hängt unter anderem die Temperaturentwicklung ab. Der wechselnde Stand im Tageslauf, aber auch die jahreszeitliche Wanderung der Sonne (im Sommer zur Nordhalbkugel, im Winter zur Südhalbkugel) bedingen unterschiedliche Einfallswinkel und begründen die Temperaturunterschiede zwischen den Jahreszeiten.

Die Verteilung der Strahlung des Milliarden Jahre alten Glutballs ist auf der Erde sehr unterschiedlich. Bezüglich Schleswig-Holstein ist dabei die Meinung weit verbreitet, das Land im Norden Deutschlands, an der Grenze zu Skandinavien sei sonnenscheinarm. Wolken, Nebel und Regen bestimmten weitgehend das Wettergeschehen. Nun ist die Sonnenscheindauer glücklicherweise ein objektiv meßbarer Wert, der mit dem Vorurteil des sonnenscheinarmen Schleswig-Holstein aufräumen kann, sofern man bereit ist, ihn zur Kenntnis zu nehmen. An 22 Stationen in Schleswig-Holstein messen Sonnenscheinautographen die Sonnendauer und fördern mit ihren Ergebnissen und im bundesdeutschen Vergleich Erstaunliches zutage: Schleswig-Holstein zählt zu den sonnenreichsten Regionen der Bundesrepublik. Nur in Teilen Baden-Württembergs (auf der Schwäbischen Alb) und im Küstenbereich Mecklenburg-Vorpommerns werden ähnlich hohe Sonnenscheinwerte erzielt wie im Wagrischen Zipfel, dem östlichen Ostholstein mit der Insel Fehmarn. Die in der nebenstehenden Karte verarbeiteten Angaben beziehen sich auf die statistisch signifikante Meßreihe von 1951–1980.

Sonnenaufgang über der Helgoländer Düne

Jährliche Sonnenscheindauer in Deutschland (1951–1980)

Der Sonnenschein ist in Deutschland unterschiedlich verteilt. Auf einen Blick erkennbar ist die Tatsache, daß der Norden keinesfalls ungünstiger abschneidet als der Süden. Es mag manchen überraschen, daß die Insel Fehmarn eine größere Zahl an Sonnenscheinstunden aufweist als der Starnberger See. Fehmarn liegt zusammen mit Teilen der Küste Mecklenburg-Vorpommerns und der Schwäbischen Alb in Bezug auf Sonnenschein an der Spitze in Deutschland. Über den Ballungszentren und Industriegebieten sinkt die Sonnenscheindauer dagegen teilweise auf Werte unter 1400 Stunden – eine Folge der Überlagerung durch Smog und damit verbundener verstärkter Kondensation.

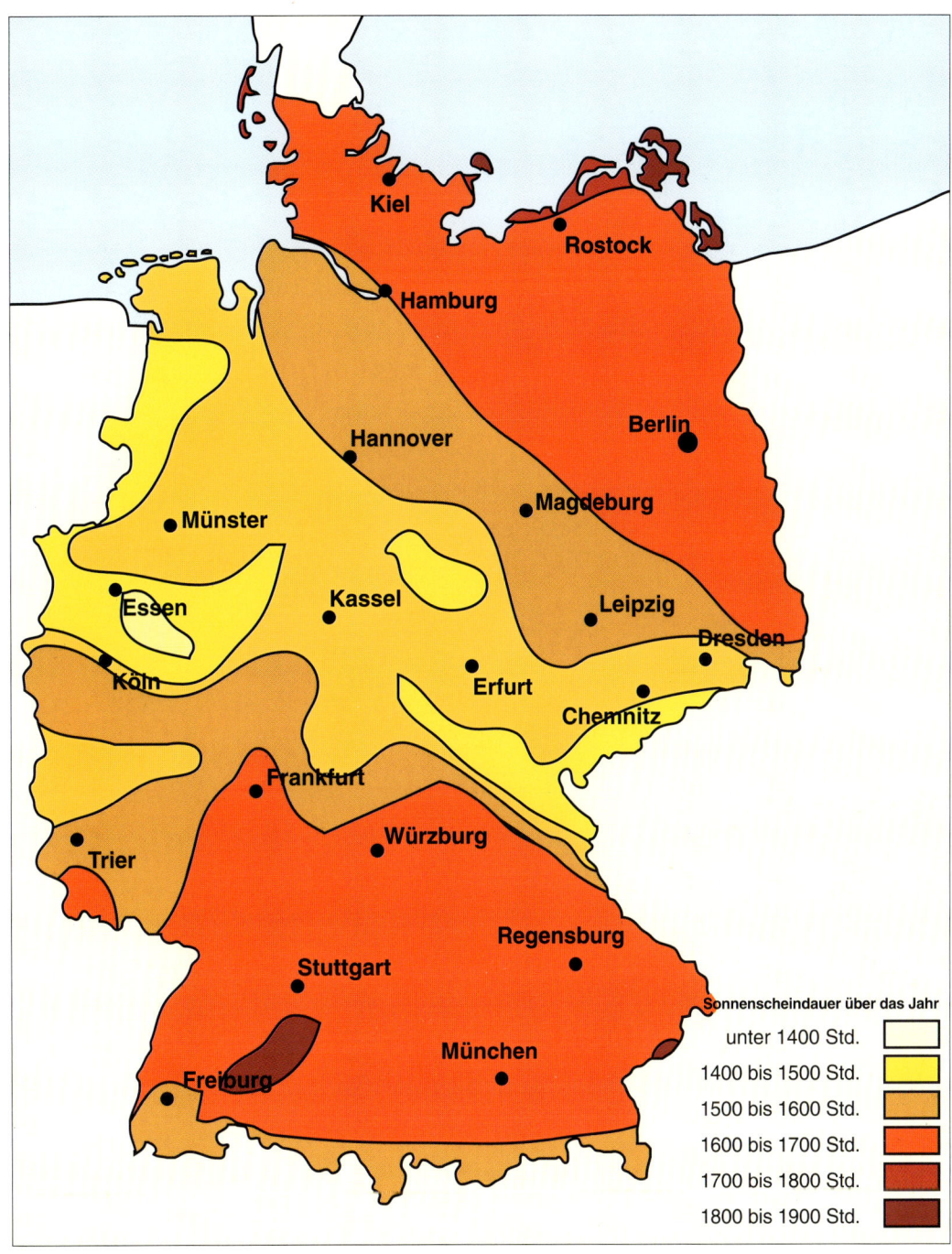

Sonnenscheindauer über das Jahr
- unter 1400 Std.
- 1400 bis 1500 Std.
- 1500 bis 1600 Std.
- 1600 bis 1700 Std.
- 1700 bis 1800 Std.
- 1800 bis 1900 Std.

Jährliche Sonnenscheinstunden 1961–1990							
List/Sylt	1718	Frankfurt	1586	Hannover	1611	Leipzig	1466
München	1709	Hamburg	1557	Schwerin	1596	Essen	1453
Kiel	1626	Düsseldorf	1504	Erfurt	1592	Kassel	1448

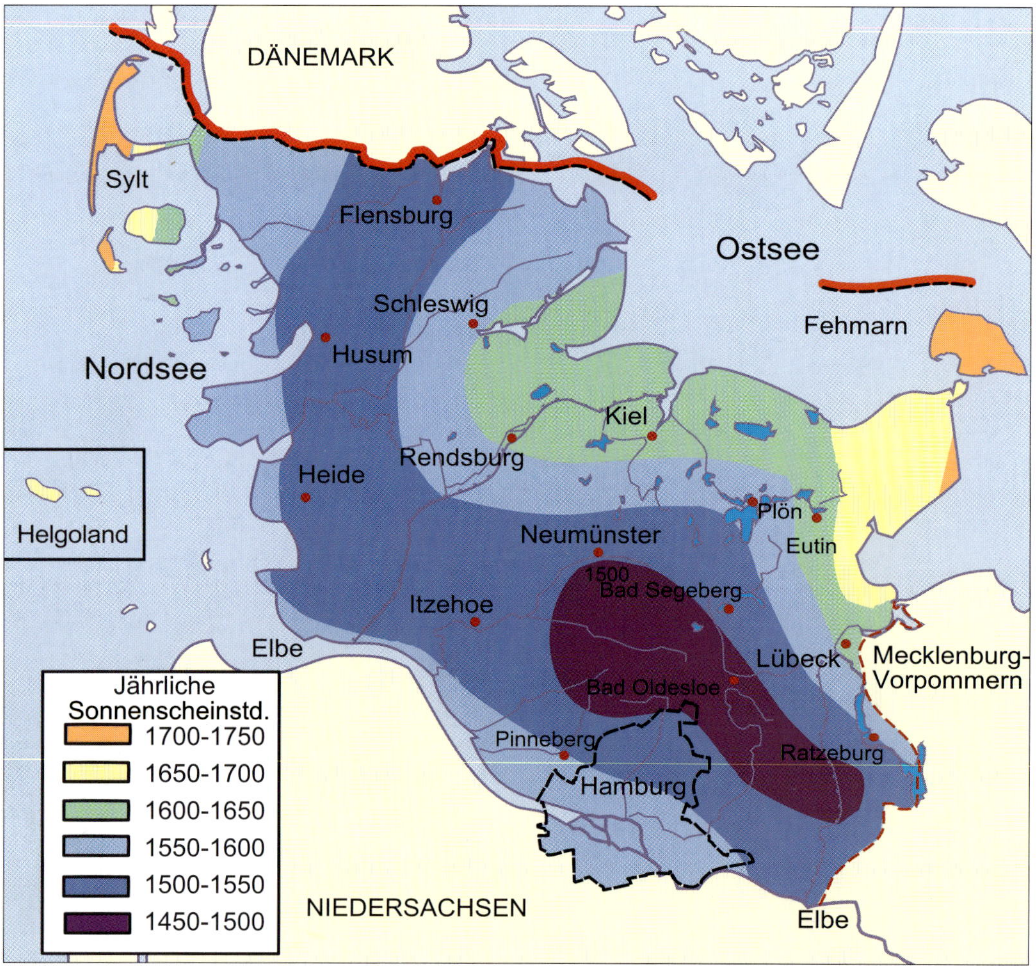

Jährliche Sonnenscheinstunden in Schleswig-Holstein (1961–1990). Deutlich wird die Bevorzugung der Nordseeküste und – stärker noch – der Ostseeküste. Die Differenz zwischen der maximalen Zahl der Sonnenscheinstunden (Fehmarn 1726) und den minimalen Werten (Heidmoor 1483, zwischen Bad Bramstedt und Barmstedt) beträgt fast 250 Stunden.

Die bevorzugten Küsten

Natürlicherweise gibt es in den Meßreihen im Dreißigjahresrhythmus Schwankungen der Sonnenscheindauer. Die vorliegende Schleswig-Holstein-Karte für den Zeitraum 1961–1990 basiert auf niedrigeren Sonnenscheinwerten als die umseitige Deutschlandkarte. Das Jahrzehnt von 1978–1988 brachte eine Periode sonnenscheinarmer Sommer. Da diese aber in ganz Mitteleuropa aufgetreten sind, ist die Relation – der Abstand – zu den Vergleichsräumen gemäß der bundesweiten Sonnenscheinkarte von 1951–1980 erhalten geblieben. Im Zeitraum von 1951–1980 ermittelten die 22 Sonnenscheinautographen für Schleswig-Holstein den Durchschnittswert von 1650 Stunden, 1961–1990 von 1570 Stunden. In den 90er Jahren stieg jedoch die jährliche Sonnenscheinstundenzahl für Schleswig-Holstein auf bis zu 1700 Stun-

Die Ostsee als silbrig glänzender Lichtspiegel

den, so daß die Vermutung gewagt werden kann, daß die nächste statistische 30–Jahresperiode von 1971–2000 wieder die höheren Stundenzahlen aufweisen wird. Von den im Jahr möglichen rund 4500 Sonnenstunden erhält Schleswig-Holstein etwa 37 Prozent, bezogen auf das Jahresdrittel von Mai – August werden sogar zwischen 60 und 65 Prozent der möglichen Sonnenscheinstunden – 7 bis 8 Stunden täglich – erreicht.

Wie gesagt, die Relation im bundesrepublikanischen Vergleich ist erhalten geblieben, da die Strahlungswerte in einigen Jahren des vergangenen Jahrzehnts bundesweit gesunken sind. Schleswig-Holstein bleibt in den Sonnenscheinwerten in vorderster Reihe. Innerhalb des Landes gibt es nun jedoch beachtliche Unterschiede. Bevorzugt sind vor allem die touristisch wichtigen Küsten an Nord- und Ostsee. Generell läßt sich feststellen, daß die Ostseeküste deutlich mehr Sonnenstunden aufweist als das Binnenland. Der nördliche Teil der Ostseeküste ist etwa vergleichbar mit den Werten der ebenfalls relativ sonnenscheinreichen festländischen Nordseeküste. Die holsteinische Ostseeküste, insbesondere im Bereich der Lübecker Bucht, erreicht die höheren Werte wie etwa auf Föhr, Amrum und Sylt, während Fehmarn die absolute Spitzenreiterfunktion einnimmt.

Die Ursachen für die Bevorzugung des Nordseebereiches liegen in der niedrigen Höhe der Marsch, über der die von Westen herangeführten Luftmassen ohne nennenswerte Staubildung hinweggehen, im wolkenauflösenden Nordwind, einem Föhn, der vom skandinavischen Gebirge nach Schleswig-Holstein geführt wird, und in der sogenannten Divergenz, das ist das Auseinanderströmen der Luft an der Küste auf Grund der unterschiedlichen Reibung über Land und Meer. Bei diesem Auseinanderströmen sinkt über der nordfriesischen Küste Luft aus der Höhe herab, erwärmt sich dynamisch, die relative Feuchte nimmt ab, und die Wolken lösen sich auf. Nord- und Nordwestwetterlagen sind – für manchen vielleicht überraschend – an der Nordseeküste relativ sonnig.

Das durch unterschiedliche Reibung hervorgerufene Auseinanderströmen der Luft spielt auch an der Ost-

Badende im golden gleißenden Wasser der Eckernförder Bucht

Der Meeresspiegel als Strahlenreflektor des Sonnenlichtes zaubert eine besondere Atmosphäre in die Küstenlandschaft.

seeküste eine wichtige Rolle und führt bei Winden aus westlichen Richtungen im unmittelbaren Küstenbereich zur Tendenz der Wolkenauflockerung. Dazu kommt die Leelage hinter hohen Jungmoränenwällen, eiszeitlichen Hügelformen mit Höhen bis über 100 m, wovon insbesondere der bereits erwähnte Wagrische Zipfel zusammen mit der Insel Fehmarn profitiert. Diese Landschaften liegen hinter dem 167 m hohen Bungsberg, in dessen Lee die Luft absinkt und die Wolken sich auflösen.

Da die Zahl der Sonnenscheinstunden und die Menge bzw. die Häufigkeit der Niederschläge in einer Wechselbeziehung zueinander stehen, soll im Abschnitt über die Niederschläge näher auf die geschilderten Phänomene an Nord- und Ostseeküste eingegangen werden.

In den frühen Morgenstunden, bei niedrig stehender Sonne, fächern die Bäume der Aukruger Waldlandschaft das Sonnenlicht in Strahlenbündel auf und vermitteln Frühaufstehern unter Wanderern und Naturfreunden ein besonders stimmungsvolles Walderlebnis.

Der Sonnenuntergang erzeugt einen pastellfarbenen Dämmerungshimmel und läßt die Ostsee am Weststrand von Großenbrode glitzern. Die abendliche Windstille erschwert noch einigen verspäteten Seglern das rechtzeitige Erreichen der Häfen auf Fehmarn, in Heiligenhafen oder in Großenbrode.

Sonnenbad ohne Reue

Die Sonne ist der Motor für Leben, Liebe und gute Laune. Sie kann heilen, Depressionen vertreiben, widerstandsfähig machen – die liebe Sonne.

Aber es gibt sie auch – obwohl keiner sie so nennt – die böse Sonne. Ihre Wärme macht aggressiv, läßt Gewalttaten steigen, verursacht Sonnenbrand, macht die Haut alt, erzeugt Krebs. Zu einem beträchtlichen Teil ist der Mensch schuld an den Schattenseiten der Sonne, indem er die schützende Ozonschicht zerstört, ein Problem, das von der Südhalbkugel längst bekannt ist, mit Verzögerung auch unsere Breiten erfaßt hat und zu einer Verdreifachung des Hautkrebses in den letzten 20 Jahren geführt hat.

Besonders an der Küste ist die Strahlung durch den Spiegeleffekt der Wasseroberfläche äußerst intensiv. Schätzt man die Gefahren aber richtig ein, dann braucht sich niemand vor der Sonne zu fürchten. Ein hoher Schutzfaktor der Sonnencreme ist immer wichtig. Je nach Lichttyp empfiehlt sich die Verwendung eines Sonnenhuts oder eines schattenspendenden Sonnenschirmes. Die Seebäder geben nach Lichttypen gestaffelte Empfehlungen für die Dauer des ungeschützten Sonnenbades, das durch Verwendung hoher Lichtschutzfaktoren für jedermann leicht errechenbar verlängert werden kann. Auf der Promenade im Ostseebad Damp steht seit 1995 sogar die erste UV-Meßstation Deutschlands zur Information für Strand- und Badegäste, die den Urlaubern die ultravio-

UV-Meßstation im Ostseebad Damp

lette Strahlungsintensität und damit die empfohlene gefahrlose Sonnenbaddauer signalisiert. Der angezeigte Index-Wert einer zehnteiligen Skala multipliziert mit zwei ergibt einen Lichtschutzfaktor mit einem Schutz für 3 bis 4 Stunden. Genauer geht es mit der kostenlos verteilten Sonnenuhr. Eingestellt auf Index-Wert und individuellen Hauttyp ist die Eigenschutzzeit ablesbar. Zugleich wird eine Empfehlung für einen Lichtschutzfaktor mit maximaler Sonnenbaddauer gegeben.

1985 waren Sonnenschirme am Ostseestrand eher selten.

Heute gehören sie zum Sonnenbad dazu.

Dem Schutz der Haut vor den UV-Strahlen der Sonne wird heute größere Aufmerksamkeit gewidmet als früher. Sorgfältiges Eincremen ist besonders bei hellhäutigen Menschen und bei Kindern ein absolutes Muß für das Sonnenbad ohne Reue.

Neben dem richtigen Lichtschutzfaktor und der wohldosierten Länge des Sonnenbades ist dem Schutz des Kopfes besondere Beachtung zu schenken, etwa nach dem Motto: Sonnenhut verhindert Sonnenstich.

Die Nutzung der Sonnenenergie in Schleswig-Holstein

Die primären Energieträger – Kohle, Erdöl, Erdgas – werden zukünftig nicht unbegrenzt zur Verfügung stehen; ihre Verbrennung belastet die Atmosphäre und fördert den Treibhauseffekt mit seinen globalen Auswirkungen; Atomenergie bleibt bedenklich. Da andererseits die Energieversorgung als existenzielle Grundlage der Menschheit für die kommenden Generationen gesichert werden muß, bemüht sich das Land Schleswig-Holstein um die Entwicklung ökologischer und zugleich möglichst ökonomischer Alternativen im Bereich der regenerativen Energiequellen.

Es ist sicherlich verständlich, daß am Thema interessierten Menschen sofort die Windkraft dazu einfällt. Aber wohl kaum jemand nennt in Verbindung mit Schleswig-Holstein als ebenfalls klimaabhängige erneuerbare Energie – die Solarkraft. Wer jedoch das Kapitel über Strahlung und Sonne gelesen hat, weiß um die hervorragende Ausgangssituation mit den hohen Strahlungswerten vor allem in Küstennähe und wird zu Recht erwarten, daß diese in energiepolitische Maßnahmen, das ist die Förderung von Solarenergie, umgesetzt werden.

Entscheidend für die Gewinnung von Strom und Wärme aus der Sonnenenergie ist die genügend hohe Globalstrahlung, das ist die Strahlungsintensität aus dem direkten und indirekten Sonnenlicht. Die wichtigste Größe bei der Prüfung eines geeigneten Standortes ist die durchschnittlich zur Verfügung stehende Zahl der Sonnenscheinstunden. Diese kann, wie die Karte der Sonnenscheinstunden in Deutschland (S. 25) zeigt, dem Vergleich mit Süddeutschland ohne weiteres standhalten. Unterschiede ergeben sich allerdings aus der Höhe des Sonnenstandes. Der jahreszeitliche Einfallswinkel der Sonne ist in Süddeutschland steiler als in Schleswig-Holstein, anders ausgedrückt: Der Süden Deutschlands liegt eben den Höchstständen der Sonne zwischen den Wendekreisen geographisch näher als Schleswig-Holstein. Die damit verbundenen Intensitätsverluste der Einstrahlung im nördlichsten Bundesland sind jedoch so gering, daß es – mindestens ökologisch – durchaus lohnend bleiben kann, das Potential der Solarenergie in Schleswig-Holstein zu nutzen. Dies wird zukünftig um so mehr gelten, als durch moderne Fertigungstechniken der Solarzellen sowie Kollektoren eine deutliche Verbilligung zu erwarten ist und darüber hinaus die Verbesserung des Wirkungsgrades große Fortschritte macht.
In Schleswig-Holstein werden beide Möglichkeiten der Solarenergie genutzt: 1. Die Solarkollektoren, ein solar-

Siliziumzellen der Solarmodule in einem Solarfeld

Wasserversorgung einer Viehherde mit Solarenergie

Solarzellen an einem Ökohaus in Heiligenhafen

thermisches System zur Versorgung mit erwärmtem Trink- bzw. Brauchwasser. Da in den Haushalten etwa 90 Prozent des Energieverbrauchs auf Niedrigtemperaturwärme entfallen, eröffnen sich in diesem Feld beachtliche Chancen für die Nutzung von Sonnenenergie. 2. Die Photovoltaik, das ist die direkte Umwandlung von Solarzellen, was sogar bei bedecktem Himmel möglich ist.

Ein generelles Problem in der Nutzung des solaren Energiespenders liegt in dem schwankenden Sonnenenergieangebot. Die mangelnde Kontinuität ergibt sich aus den wetterbedingten und jahreszeitlichen Schwankungen sowie dem Tag- und Nachtrhythmus. Aus diesem Grunde werden in Schleswig-Holstein vielfach Anlagekombinationen bevorzugt, sozusagen gebündelte Naturkraft, indem der Energiebedarf durch Sonne und Wind befriedigt wird. Ein solches System macht vor allem deshalb Sinn, weil in den windschwächeren, aber strahlungsreicheren Sommermonaten die Sonne das Winddefizit ausgleichen kann, während in den kürzeren, strahlungsarmen, dafür aber windstärkeren Herbst- und Wintermonaten der Wind die Hauptlast der Energieversorgung übernimmt. Solche sinnvollen Anlagekombinationen funktionieren seit langem erfolgreich in den Hybrid-Kraftwerken auf Pellworm und in Burgstaaken auf Fehmarn, wo als dritte Komponente sogar noch Biogas aus dem Klärwerk zur Verfügung steht. Jüngstes Projekt dieser Art ist das „Zentrum für regenerative Energieerzeugung" am Pumpspeicherwerk in Geesthacht. Bekanntlich wird hier seit vielen Jahren umweltfreundlicher Strom aus Wasserkraft gewonnen, mit dem Ziel, in verbrauchsstarken Tageszeiten die sogenannte Spitzenlast abzufangen. Ärgerlich blieb bisher der Eigenverbrauch des Kraftwerks; denn zur Realisierung der tageszeitlichen Spitzenstromversorgung mußte in lastschwachen Zeiten Elbwasser in das auf dem Berg gelegene Speicherbecken hinaufgepumpt werden. Diese Energie kann seit 1995 zum großen Teil eingespart werden, seitdem eine Solar- und eine Windkraftanlage den dafür erforderlichen Strom liefern.

Die Stadtwerke in Norderstedt betreiben eine Solaranlage größeren Ausmaßes, und dort gibt es sogar Schleswig-Holsteins bisher einzige Solar-Tankstelle für Elektroautos. Eine weitere größere Anlage dient der Beleuchtung des Straßenverkehrstunnels unter dem Nord-Ostsee-Kanal in Rendsburg. Gefördert durch energiepolitische Maßnahmen des Landes und des Bundes ist auch die Nutzung der Solarenergie in Einfamilienhäusern auf dem Vormarsch. Insgesamt darf erwartet werden, daß die Sonnenenergie in Schleswig-Holstein ihr bisheriges Schattendasein verläßt und die blau-schwarzen Siliziumzellen der Solarmulde immer häufiger in Schleswig-Holstein zu entdecken sein werden.

Zu den größeren Solarfeldern in Schleswig-Holstein zählt die Sonnenenergieanlage am Südausgang des Tunnels unter dem Nord-Ostsee-Kanal in Rendsburg. Sie unterstützt die Stromversorgung für die Tunnelbeleuchtung.

Das Pumpspeicherkraftwerk oberhalb der Elbe in Geesthacht ist mit einer Solaranlage – unten links neben den Rohren – sowie einem Windrad zu einem Zentrum für regenerative Energieerzeugung ausgebaut worden, in dem das Zusammenspiel von Sonne, Wind und Wasser bei der Energieerzeugung erprobt wird.

Auf Pellworm existiert bereits seit 1983 eine Solaranlage, die Sonnenenergie direkt in Strom verwandelt. Als Fernziel soll versucht werden, im Zusammenwirken von Windkraft und Sonnenenergie die Insel in der Stromversorgung autark zu machen.

Im Klärwerk am Hafen von Burgstaaken auf Fehmarn erzeugen 3840 Solarmodule emissionsfrei Strom. Die europaweit beachtete Hybridanlage kombiniert Sonnenenergie, Windkraft und Biogas zur energetischen Versorgung des Klärwerks für die Inselhauptstadt Burg.

Niederschläge – besser als ihr Ruf

Menge und Verteilung der Niederschläge

Trotz der im bundesweiten Vergleich hohen Zahl der Sonnenscheinstunden – vor allem in der Nähe der Küsten – überrascht es niemanden, wenn es in Schleswig-Holstein gelegentlich regnet. Aber auch über den Niederschlag gibt es Erfreuliches zu berichten. Zwar lassen sich Sonnen- und Niederschlagswerte nicht ohne weiteres in eine Abhängigkeit voneinander bringen; aber ein Indiz für wenig Regen ist viel Sonne allemal, wenngleich kurze, aber kräftige Schauer bzw. lange anhaltender Nieselregen das Verhältnis von Sonnenstunden zu Niederschlagswerten ganz schön durcheinanderbringen können. Tatsache bleibt jedoch, das Schleswig-Holstein mit ziemlich genauer Tischkantenhöhe – nämlich 779 mm bzw. Litern pro m² jährlich – unter dem bundesdeutschen Niederschlags-Durchschnittswert von etwa 800 mm (alte Bundesländer) liegt, in Küstennähe sogar diesen Wert um bis zu einem Drittel unterschreitet.

Die Niederschlagskarte zeigt, daß die Verteilung der Niederschläge sehr unterschiedlich ist. Großräumig betrachtet ist der ozeanische Einfluß im Norden größer als im Süden und im Südosten. Der nördliche Landesteil erhält generell höhere Niederschläge als der südliche. An beiden Küsten werden relativ niedrige Werte gemessen, besonders an der Ostseeküste. Dort sinkt der überall unterdurchschnittliche Niederschlag von Nord nach Süd. Besonders niederschlagsarm ist es rund um die Lübecker Bucht. Ostwagrien schließlich mit Heiligenhafen, Großenbrode und Fehmarn liegt nicht nur in der Zahl der Sonnenstunden, sondern auch in Bezug auf die Niederschlagsarmut in Schleswig-Holstein an der Spitze und im Bundesdurchschnitt in der Spitzengruppe entsprechender Orte und Landschaften.

Im Gegensatz zur Nord-Süd-Differenzierung der Ostseeküste werden an der gesamten Nordseeküste relativ ausgeglichene Niederschlagsmengen gemessen, die um den Landesdurchschnitt pendeln. Auffallend sind die geringeren Niederschläge im Bereich der Halligen im Vergleich mit den Geestinseln Sylt, Amrum, Föhr.

Die beiden Maximalräume des Niederschlags mit über 900 mm liegen im Bereich der Hohen Geest zwischen Heide und Itzehoe (Maximum 955 mm) und im Raum Schleswig (Maximum 927 mm).

Insgesamt überwiegt die Niederschlagshäufigkeit im Winter. Sie wird jedoch durch die höhere Niederschlagsintensität im Sommer mengenmäßig überkompensiert.

Die Zahl der Tage mit Schneefall ist landesweit gering und liegt je nach Lage zwischen 27 (St. Peter-Ording)

Hohe Eiswolken (Cirren) sind Vorboten einer Regenfront.

Regenpfützen auf bodenverdichteter Sandstraße

Jährlicher mittlerer Niederschlag (1961–1990). Die mittleren Niederschläge bewegen sich zwischen 573 und 955 mm, das entspricht einer Differenz von 382 mm oder 65 %. Der Osten und Südosten des Landes erhält deutlich weniger Niederschlag als der Westen, der allerdings unmittelbar an der Küste und im Inselbereich ebenfalls relativ niedrige Niederschlagswerte aufweist.

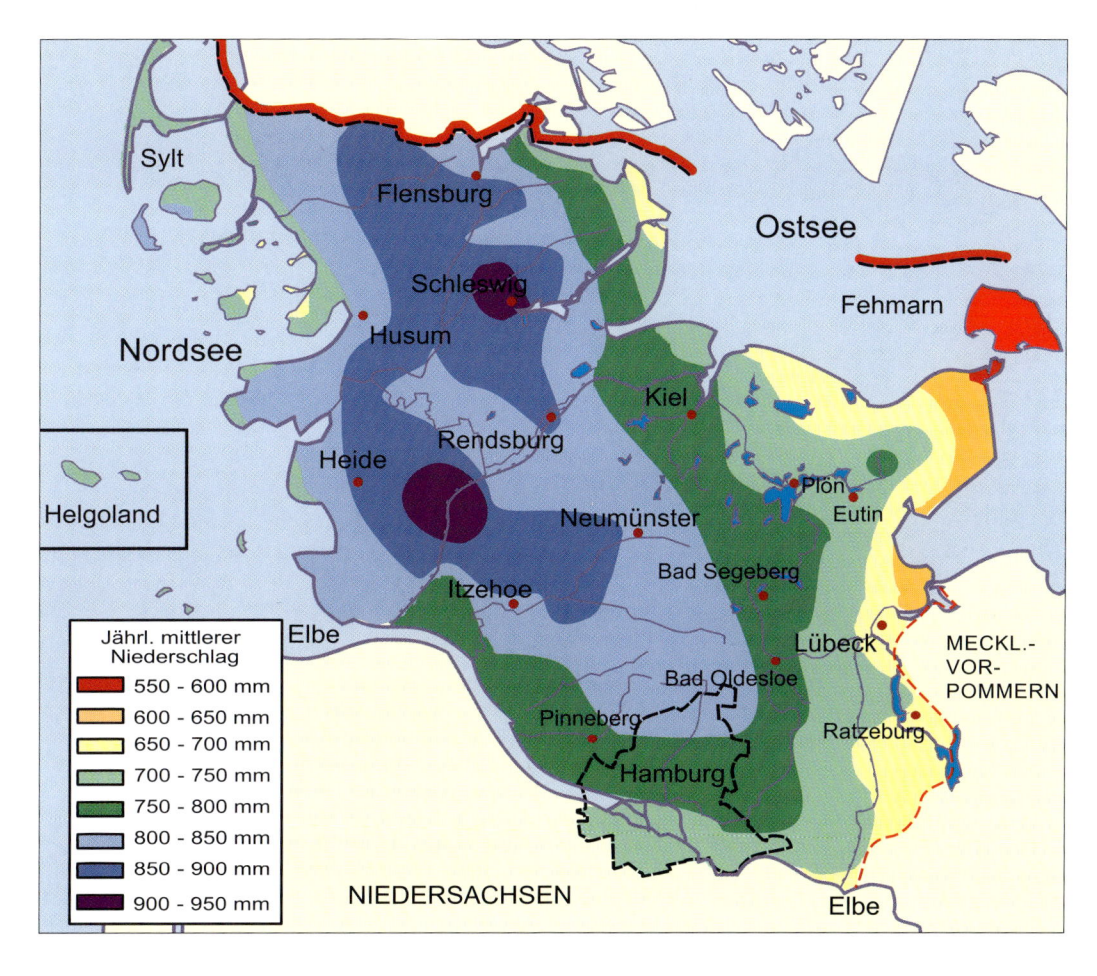

und 45 (Schleswig). Der Anteil der Schneemenge am Gesamtniederschlag unterschreitet landesweit – oft sogar deutlich – die 10 Prozent-Marke.

Soweit die Bestandsaufnahme des Niederschlags. Sie beruht auf den Messungen mit dem Hellmannschen Regenmesser in 150 Stationen im Lande und umfaßt den aktuellen Zeitraum von 1961–1990. Der regionalen Differenzierung tragen die folgenden Kapitel Rechnung.

Von Aufgleit-, Einbruchs- und Konvektionsniederschlägen

Voraussetzung für die Entstehung von Niederschlägen ist die Abkühlung feuchter Luftmassen, bis der Sättigungspunkt – die maximale Tragfähigkeit der Luft für Wasserdampf – überschritten wird und es zur Kondensation (Tröpfchenbildung) kommt. Hierbei wird der Zusammenhang zwischen der Temperatur und der Luftfeuchtigkeit deutlich. Bei gleichen absoluten Feuchtigkeitsmengen (g/cbm) ergeben sich je nach der Temperatur der Luftmasse und ihrer maximalen Tragfähigkeit für Wasserdampf völlig unterschiedliche relative Luftfeuchtigkeitswerte. In dem nachstehenden Ver-

Westermarkelsdorf/			
Fehmarn	573	Arkona/Rügen	521
Grömitz	624	Frankfurt	658
Travemünde	640	Stuttgart	664
Lauenburg	685	Kassel	698
Pellworm	722	Hamburg	790
List	746	Köln	803
Kiel	754	Essen	931
Schleswig	927	Freiburg	955
Albersdorf	931	München-Riem	967

Niederschläge (mm) ausgewählter Orte in Schleswig-Holstein und Deutschland (1961–1990)

gleich zwischen der Sahara und Schleswig-Holstein erscheint die Luft bei durchaus möglichen gleichen absoluten Feuchtigkeitsmengen einmal „knochentrocken" und einmal fast gesättigt, eben in Abhängigkeit von realistischen Temperaturen beider Räume. Der entscheidende Wert ist also die relative Feuchte, die bei sinkender Temperatur steigt und bei steigender fällt, je nach der temperaturabhängigen Tragfähigkeit der Luft für Wasserdampf.

Die Abkühlung einer Luftmasse kann konvektiv erfolgen, d.h. durch thermisch bedingten Aufstieg in kühlere Höhen, oder reliefbedingt, d.h. durch erzwungenen Aufstieg an Reliefhindernissen, oder durch dynamisch-frontale Vorgänge in einer wandernden Zyklone (Tiefdruckgebiet), als Tau bzw. Reif auch durch Abkühlung vom Boden her.

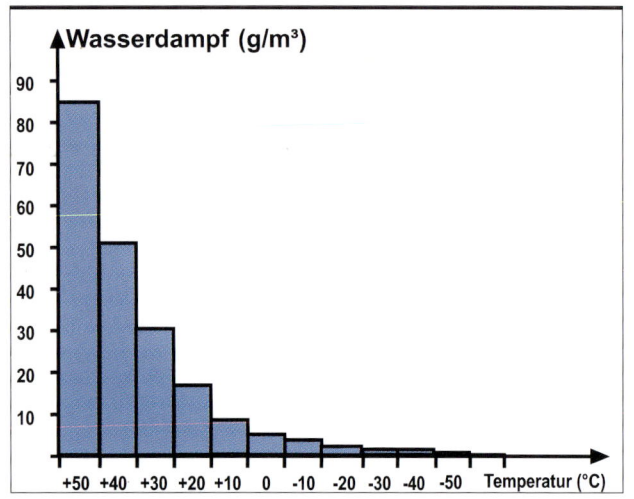

Feuchte	absolut	maximal	relativ
Zentralsahara	4,5 g/m³	51,2 g/m³ (t = 40°C)	8,8 %
Schleswig-Holstein	4,5 g/m³	4,6 g/m³ (t = 0°C)	98 %

Die Mehrzahl der Niederschläge in Schleswig-Holstein ist an Fronten gebunden, und die ziehen – leider – nicht nur nachts über das Land. Dabei sind an der Vorderseite einer Zyklone die typischen Aufgleitniederschläge zu beobachten, die sich durch Cirrus – und schließlich durch die geschlossene Altostratus-Bewölkung ankündigen. Sie entstehen durch das Aufgleiten wärmerer Luftmassen an kalten und können länger anhaltende Niederschläge vom Typ des Landregens bringen mit kleiner bis mittlerer Tropfengröße. An der Rückseite der Zyklone bricht Kaltluft in Warmluft ein und bildet die Einbruchsschauer. Sie sind an die stark quellende Wolkengattung Cumulonimbus gebunden und bringen kurze, aber kräftige, d.h. großtropfige Niederschläge (Starkregen). Wie man der untenstehenden Grafik entnehmen kann, hat ein solches Tiefdrucksystem eine enorme Größe. Selbst bei Tiefdruckwetterlagen sind allerdings völlig verregnete Tage äußerst selten, da sonnige oder mindestens aufgelockerte Abschnitte dazwischengeschaltet sind, eine besonders für das Küstenklima typische Erscheinung.

Die sogenannten Konvektionsniederschläge sind dagegen an die starke Wärmeabgabe der sommerlich erhitzten Landoberfläche gebunden, an den damit verbundenen Aufstieg der erwärmten unteren Luftschichten und an die Abkühlung in der Höhe. Nachts oder im Herbst, wenn das Meer wärmer ist als das Land, kann sich auch über dem Meer eine solche Konvektionsbewölkung mit Niederschlag bilden. Konvektionsniederschläge sind

Die maximale Aufnahmefähigkeit der Luft für Wasserdampf ist von der Temperatur abhängig.

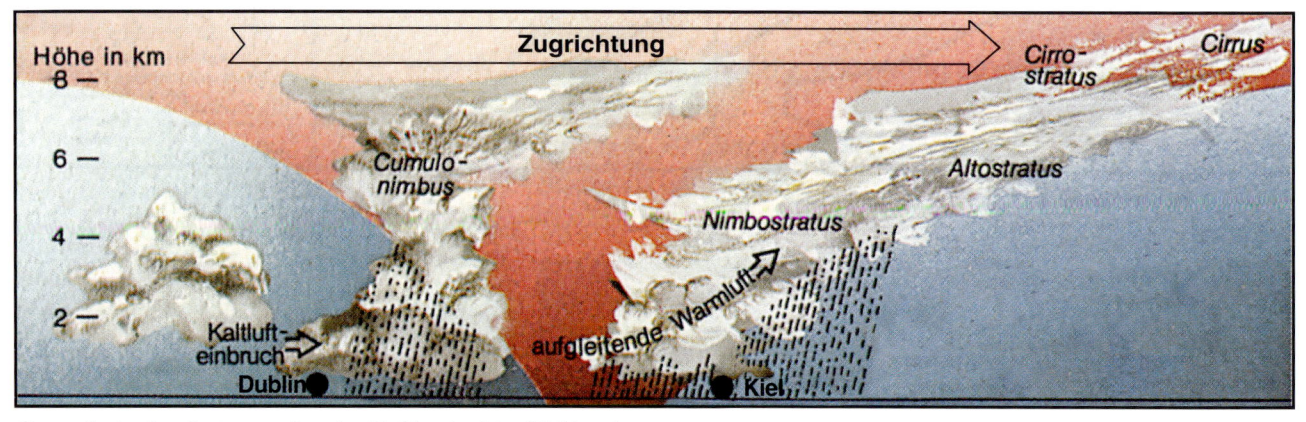

Querschnitt durch ein wanderndes Tiefdruckgebiet (Zyklone)

Fallstreifen des Niederschlags über dem Hafen von Neustadt

Büsumer Krabbenfischer im Regen

Regenwolken über Fehmarn

kurz und heftig und leiten nach ihrer Auflösung zumeist wieder in eine Schönwetterphase hinüber.

Steigungsregen in Schleswig-Holstein

Steigungsregen – wie es dazu kommt, das haben wir alle einst im Erdkundeunterricht gelernt. Zur Erinnerung: Luftmassen strömen gegen ein Gebirge, werden zum Aufsteigen gezwungen, kühlen sich in der Höhe ab, kondensieren, bilden Wolken und regnen sich ab. Soweit die Situation in Luv. In Lee kommt es beim Absinken der Luftmassen zur Erwärmung der Luft, zur Einstellung des Niederschlags und zur Wolkenauflösung. Der Harz oder die Alpen sind wohl die gängigsten Beispiele dafür. Angesichts der Gebirgshöhen dort und aus Mangel an ähnlich grandiosen Erscheinungen in Schleswig-Holstein fällt es zunächst vielleicht schwer, sich an den Gedanken zu gewöhnen, daß auch die flachen eiszeitlichen Kuppen und Hügel von 30 oder 50 m Höhe durchaus eine niederschlagssteigernde Wirkung entfalten. Für den Steigungsniederschlag ist nicht die absolute Höhe des Reliefhindernisses entscheidend, sondern die relative, im norddeutschen Flachland natürlich vor allem zum Meer.

Die ganzjährig überwiegend aus dem Westquadranten herangeführten Winde haben sich über Atlantik und Nordsee so stark mit Wasserdampf angereichert, daß eine geringfügige Abkühlung genügen kann, um den Sättigungspunkt zu überschreiten, um Kondensation und Niederschlag einzuleiten. Diese Abkühlung setzt ein, sobald die Luftmassen die westlichen Altmoränen erreichen und dort um 30 oder 50 m angehoben werden. Da diese Hebung einer Luftmassenabkühlung um 0,3 bis 0,5 Grad C (1 Grad / 100 m) entspricht, steigt die relative Feuchte, und es kommt zu Steigungsregen, was die extrem hohen Niederschlagswerte belegen (über 900 mm). Ähnliche Auswirkungen auf den Niederschlag besitzen die östlichen Jungmoränen. Aber trotz deutlich größerer Höhe des Bungsberges (167 m), höchster „Gipfel" im Lande, liegt der dort gemessene Niederschlagswert zwar höher als in seinem unmittelbaren westlichen Vorland, aber beträchtlich niedriger als im flacheren, nordseenahen Westen, weil sich die maritimen Luftmassen beim Auftreffen auf das Reliefhindernis der saaleeiszeitlichen Altmoränen bereits stark abgeregnet haben.

Luftmassenstau durch Bodenreibung

Die im Verhältnis besonders starke Niederschlagstätigkeit im nordseenahen Altmoränengebiet mit seinen geringen Höhen kann allerdings nur zum Teil aus dem schwachen Anheben der Luftmassen über den saaleeiszeitlichen Hügeln abgeleitet werden. Sie erklären Steigungsniederschlag, aber nicht die große Menge. Um die Höhe des Niederschlagswertes zu begreifen, müssen wir ein unsichtbares Gebirge bemühen, ein „Luftgebirge".

Wie schon erwähnt, wehen die Luftmassen aus Westen über die Nordsee und auf das Festland zu. Dabei ist die Reibungswirkung über der Meeresoberfläche gering. Die Windgeschwindigkeit liegt entsprechend hoch.

Wenn die Luftmassen das Festland erreichen, erhöht sich die Reibung beträchtlich. Die Unregelmäßigkeit der vertikalen Gliederung der Erdoberfläche führt mit Deichen, Häusern, Bäumen, Hügeln zu Verwirbelungen und Abbremsung der heranströmenden Luft. Dieser Tatbestand bewirkt eine deutlich verminderte Fließgeschwindigkeit der Luft innerhalb des atmosphärischen Reibungsraumes, am effektivsten in unmittelbarer Bodennähe.

Das Ergebnis des Übertritts einer rasch fließenden Luftmasse aus einem reibungsarmen Gebiet wie dem Meer auf das reibungsstarke Festland ist ein plötzlicher Luftmassenstau, verursacht durch die Bremswirkung des Landes. Es entsteht ein „Luftgebirge", ein Hindernis aus gestauter, dichterer Luft, auf das die nachrückenden, un-

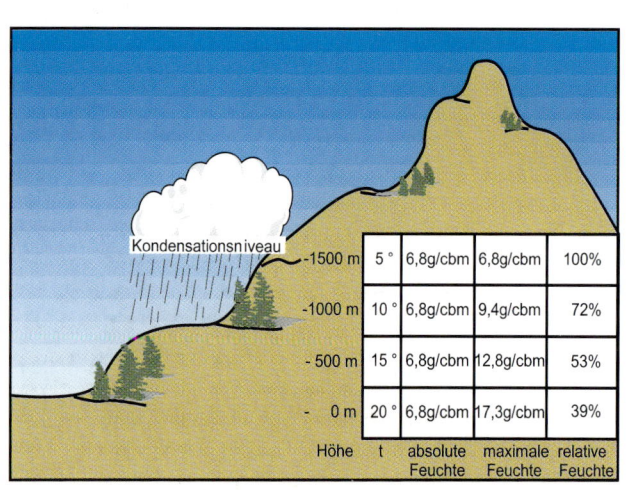

Höhe	t	absolute Feuchte	maximale Feuchte	relative Feuchte
-1500 m	5°	6,8g/cbm	6,8g/cbm	100%
-1000 m	10°	6,8g/cbm	9,4g/cbm	72%
- 500 m	15°	6,8g/cbm	12,8g/cbm	53%
- 0 m	20°	6,8g/cbm	17,3g/cbm	39%

Veränderung der Luftfeuchtigkeit beim Aufstieg einer Luftmasse am Gebirge

Bodenreibung

gebremsten Luftmassen prallen und dem sie ausweichen müssen. Dies kann allerdings nur dort geschehen, wo Platz dafür vorhanden ist. Das ist in der dünneren Höhenluft der Fall. Die atlantischen Luftmassen sind also gezwungen, an dem Gebirge gestauter Luftmassen aufzusteigen. Was dabei passiert, entspricht im einzelnen den Phänomenen des Steigungsniederschlags im Harz, in den Alpen oder in jedem anderen Gebirge.

Die reliefbedingte Niederschlagsdifferenzierung im Lande

Die Niederschläge im westlichen Altmoränengebiet Schleswig-Holsteins beruhen einerseits auf einer schwachen Anhebung herangeführter Luftmassen (Steigungswirkung durch Überwindung von Reliefhindernissen) und andererseits auf bodenreibungsbedingtem Luftmassenstau, d.h. durch Ausbildung eines „Luftgebirges", an dem die nachrückenden Luftmassen emporsteigen. Betrachten wir die Oberflächenkarte entlang des Landschaftsprofils (S. 42), dann zeigt sich, daß im östlich der Altmoränen sich anschließenden reliefarmen Gebiet der Moor- und Sandergeest (Niedere Geest) die Niederschläge wieder abnehmen, um im Bereich hoher Jung- bzw. Endmoränen erneut anzusteigen, ohne allerdings – wie schon ausgeführt wurde – die hohen Niederschlagswerte des westliches Landesteiles zu erreichen. Schließlich werden an der Ostseeküste die Niederschlagsminima festgestellt.

Wo die Niederschläge von dem beschriebenen Querschnitt abweichen, liegen andere Einwirkungen des Reliefs vor. Am auffälligsten ist wohl das zweite Niederschlagsmaximum, das im Raum Schleswig liegt und nicht etwa an der nordfriesischen Küste. Ursache ist, daß es in Nordfriesland keine so starken Erhebungen gibt wie auf der Heider-Itzehoer Geest und erst die beachtlichen Moränenhöhen bei Schleswig den Niederschlagseffekt auslösen.

Die relative Niederschlagsarmut in Teilen der Unterelbe ergibt sich aus der Abschirmung durch die niedersächsischen Altmoränen; und die höheren Niederschläge auf den Geestinseln Nordfrieslands erklären sich aus der verstärkten sommerlichen Schauertätigkeit in Verbindung mit dem Relief (stärkere Erwärmung und Anhebung der Luft), während beides über den flachen Halligen keine Rolle spielt und sich daraus die geringeren Niederschlagsmengen dort erklären.

Wegen der geringen Reibung der Luftmassen über der Marsch fallen dort – ähnlich wie auf den Halligen – die Niederschläge geringer aus als über den sich östlich anschließenden Moränenrücken der Hohen Geest.

Anders sind die für Schleswig-Holstein absoluten Minima auf Fehmarn zu erklären. Auf dem Weg nach Osten haben sich die feuchten atlantischen Luftmassen einerseits an den Altmoränen und andererseits am hohen Bungsberg-„Massiv" abgeregnet. In Lee des Bungsberges beginnt ein Absinken der Luft verbunden mit Erwärmung und Wolkenauflösung. Ganz deutlich ist diese Entwicklung der Niederschlagskarte zu entnehmen. Schließlich kommt es im Küstenraum zum Übertritt vom reibungsstarken Land zum reibungsschwachen Meer, was die Wolkenauflösungstendenz weiter verstärkt und über Fehmarn – weit jenseits der allgemeinen Küstenlinie im Meer gelegen – zu den Niederschlagsminima und Sonnenscheinmaxima führt.

In ähnlicher Weise positiv wirken sich die Randmoränen des Lübecker Beckens für die Badeorte entlang der Lübecker Bucht aus. Auch hier läßt sich die günstige Leelage aus den Niederschlags- und Sonnenscheinwerten ableiten.

Namen der Orte
(von Ost nach West)

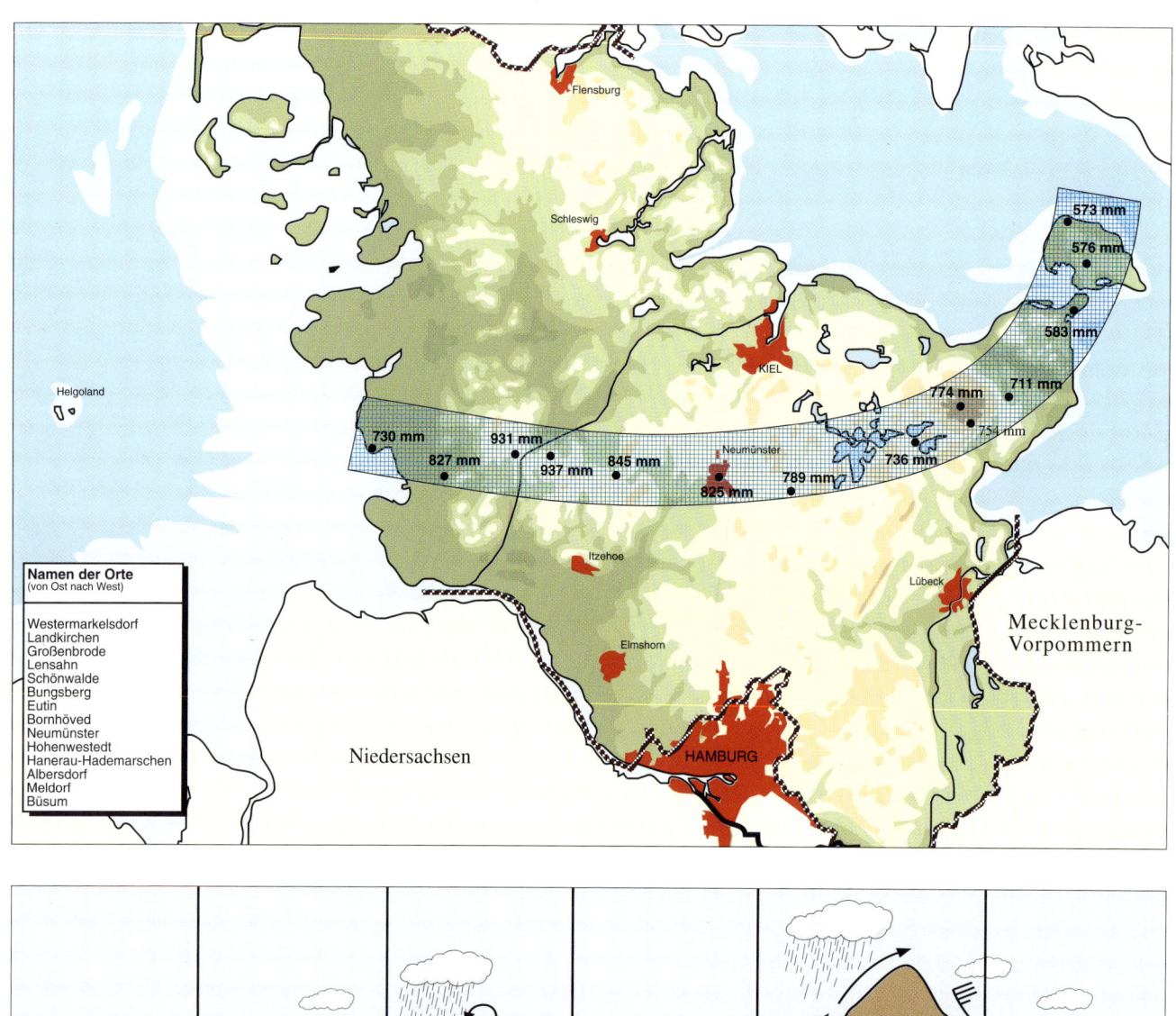

Westermarkelsdorf
Landkirchen
Großenbrode
Lensahn
Schönwalde
Bungsberg
Eutin
Bornhöved
Neumünster
Hohenwestedt
Hanerau-Hademarschen
Albersdorf
Meldorf
Büsum

Niederschlagswerte (von West nach Ost): 730 mm, 827 mm, 931 mm, 937 mm, 845 mm, 825 mm, 789 mm, 736 mm, 774 mm, 711 mm, 754 mm, 583 mm, 576 mm, 573 mm

Nordsee	Deichlinie Marsch Hohe Geest	Niedere Geest	Östl. Hügelland	Ostsee
geringe Reibung, hohe Windgeschwindigkeit	wachsende Bodenreibung, sinkende Windgeschwindigkeit. Luftmassenstau, "Luftgebirge" entsteht, Aufstieg der schnellen ungebremsten atlantischen Winde, Wolken, Steigungsregen	leichte Leewirkung im Windschatten der saaleeiszeitlichen Altmoränen, geringe Niederschlagsmenge	erneuter Luftmassenanstieg in der Jungmoränenlandschaft, trotz größerer Höhe geringere Niederschläge als in der hohen Geest (Leewirkung) (vorheriges Abregnen)	Übertritt von reibungsstarkem Raum auf reibungsschwache Wasserfläche, Windzunahme, Wolkenauflösung, relative Niederschlagsarmut

Qualitatives Profil von Schleswig-Holstein (stark überhöht). Darstellung der Niederschlagsverteilung in Abhängigkeit von der Reliefhöhe und der Bodenreibung. Das Profil entspricht dem Niederschlagsband in obiger Karte.

„Ein Sommerregen ist erfreulich, ein Regensommer ganz abscheulich". So faßt Eugen Roth die Empfindung wohl der meisten Menschen zusammen. Dank des wechselhaften Wetters sind lange anhaltende Niederschlagsperioden, wie sie z.B. aus dem Alpenvorland bekannt sind, in Schleswig-Holstein selten.

Sommerlicher Niederschlag treibt die Urlauber von Stränden und Badeseen in die Städte, was vom schleswig-holsteinischen Einzelhandel als spür- und nachrechenbare Geschäftsbelebung begrüßt wird. Auch die zahlreichen sehens- und besuchenswerten Museen im Lande profitieren vom Regenwetter.

Die Flüsse führen nach einem niederschlagsreichen Winter Hochwasser. Das muß allerdings nicht zwangsläufig zu weiträumigen Überschwemmungen der Uferzonen führen, wie sie bei der Trave sichtbar werden.

Die Ursache der Überschwemmung wird hier erkennbar. Die Trave ist abschnittsweise künstlich begradigt worden. Die Laufverkürzung des Flußbettes führt zu einem Abflußstau und läßt die Trave über die Ufer treten.

Wenn das Störsperrwerk an der Elbe wegen länger anhaltender Sturmflut geschlossen bleiben muß, kann der Rückstau der Stör in Kellinghusen zu Überflutungen führen. Im Winter 1995 trat dieser Effekt allerdings allein aufgrund starker Niederschläge bei geöffneten Abflußtoren des Sperrwerks ein – mit katastrophalen Auswirkungen in der reizvollen Stadt.

Nebel

Nebel ist eine Wolke in Bodennähe. Genetisch besteht zwischen Nebel und Wolken kein Unterschied. Die mikroskopisch kleinen, in der Luft schwebenden Nebeltröpfchen bilden sich durch Abkühlung und in Abhängigkeit von der Bodengestalt (Täler), der Verteilung von Land und Wasser und von der Art der Vegetation (Wiesen, Moore). Der Nebel kann ganze Landstriche erfassen oder nur lokal einzelne Seen, feuchte Wiesen, Täler oder Moore bedecken.

Eine wichtige Voraussetzung für die Nebelbildung ist die Windstille oder allenfalls eine schwache Luftbewegung. Typischerweise tritt Nebel bei Hochdruckwetterlagen auf. Der Boden kühlt sich durch Ausstrahlung sehr stark ab und gibt die Kälte an die bodennahen feuchten Luftschichten weiter, so daß die Luftfeuchte zu Nebeltröpfchen kondensiert; und zwar immer dann, wenn die nächtliche Abkühlungszeit ausreichend lang und die Tageserwärmung noch ausreichend hoch ist. Spätsommer- und Herbstnebel sind solche charakteristischen Strahlungsnebel.

Mischungsnebel bilden sich, wenn warme und feuchte Meeresluft über das kalte Land hinwegstreicht und die unteren Luftschichten sich bis zum Eintritt der Kondensation abkühlen. Seenebel entsteht über dem Meer, wenn warme Luft über die kalte Meeresoberfläche geführt wird, was hauptsächlich im Frühling und Sommer geschieht und schon manchem Wattwanderer an der Nordsee zum Verhängnis geworden ist.

Das Maximum der Nebeltage liegt in den Monaten November bis Januar. Im stärker kontinental geprägten Südosten des Landes werden jährlich nur bis zu 30 Nebeltage gezählt, während die Küstenregion mit bis zu 60 Nebeltagen im Jahr als besonders nebelreich gelten kann.

Segler im Nebel

Herbstliche Nebelschwaden über einem lauenburgischen See

Schemenhaft tauchen die Schleusen des Büsumer Hafens und der Rettungskreuzer aus dem Seenebel auf. Er entsteht, wenn warme Luft sich im Kontakt mit der kälteren Meeresoberfläche abkühlt.

Nach ausstrahlungsreichen Nächten bildet sich über feuchten Wiesen oder im Bereich von Flußtälern der Wiesennebel aus. Mitunter entsteht er bereits abends und führt zusammen mit dem farbigen Licht des Sonnenuntergangs zu einem besonders stimmungsvollen Landschaftsbild wie hier in der Sorgeniederung.

Blitz und Donner über Schleswig-Holstein

Entstehung der Gewitter

Ein Gewitter entsteht in einem Wolkenturm, den der Meteorologe als Cumulonimbus bezeichnet. Riesige Quellwolken mit einer Wolkenbasis bis unter 500 m über dem Erdboden schießen explosionsartig in die Höhe. Dabei beginnt es ganz harmlos. Eine Cumulus, eine blumenkohlartige Schönwetterwolke, entwickelt sich in feuchter, warmer Luft plötzlich zu diesem Turm und wächst hinauf bis unter die Tropopause, das ist die Grenzschicht zwischen der Troposphäre und der Stratosphäre in etwa 10 km Höhe, wo sich die Cumulonimbuswolke schirm- oder amboßförmig ausbreitet. Im Bereich der Tropopause herrschen Temperaturen von minus 40 bis 50 Grad C. Die Wolkentröpfchen gefrieren zu Eiskörnchen, fallen herab, vergrößern sich durch sich anlagerndes, gefrierendes Wasser, wachsen zu Hagelkörnern, werden von enormen Aufwinden erneut hochgeschleudert, sacken durch, werden wieder emporgerissen und entwickeln sich zu haselnuß- bis tennisballgroßen Hagelkörnern. Bei entsprechend langem Auf und Ab in der Wolke werden sie so schwer, daß sie durchfallen. Dabei wird Luft aus der Wolke herausgepreßt, die als Gewitter ankündigende Böenwalze schon manches Segelschiff auf Förden oder Seen überrascht und zum Kentern gebracht hat.

Hagel und Starkregen können zu Überschwemmungen führen, Getreidefelder flachlegen, Scheiben zertrümmern. Allerdings ist es in Schleswig-Holstein bisher noch nicht zu einem Unwetter gekommen wie jener legendäre Hagelschlag, der in München 1984 unzählige Autos zerbeulte und binnen Minuten einen Versicherungsschaden von 1,3 bis 1,5 Milliarden DM verursacht hat.

In der Gewitterwolke bilden sich durch die kräftige Auftriebsgeschwindigkeit elektrische Felder mit positiver Ladung an der Obergrenze, mit negativer Ladung an der Untergrenze der Wolke und mit positiver Ladung am Erdboden. Zwischen den Spannungsfeldern kommt es zu Entladungen, eben den Blitzen – zu reinen Wolkenblitzen oder den gefürchteten Erdblitzen. Die Blitze erhitzen die Luft auf bis zu 30.000 Grad C, so daß sie sich explosionsartig ausdehnt und dadurch den bedrohlich klingenden, aber eigentlich harmlosen Donner verursacht. Er verbreitet sich mit Schallgeschwindigkeit von 333 m/sec und erlaubt durch einfaches Auszählen der Sekunden zwischen Blitz und Donner die beruhigende oder auch beängstigende Feststellung, wie weit das Gewitterzentrum entfernt ist. Durch wiederholtes Zählen läßt sich die Bewegungsrichtung des Gewitters feststellen – näher oder ferner.

Die meisten Gewitter in Schleswig-Holstein sind sommerliche Wärmegewitter, die am späten Nachmittag oder am frühen Abend entstehen, sich nach ihrer Entladung wieder auflösen und sich dann das schöne und warme Wetter erneut durchsetzen kann.

Anders sind die Verhältnisse bei einem Frontgewitter. An der Rückfront einer Zyklone bricht polare Kaltluft in Warmluft ein und verdrängt sie unter turbulenten Erscheinungen in die Höhe. Bei genügend großem Temperaturunterschied der Luftmassen und hohem Feuchtgehalt der Warmluft bilden sich ebenfalls Gewitterwolken aus. Als schwarze Wand kommen sie über die Nordsee nach Schleswig-Holstein hinein. Im Gegensatz zum Wärmegewitter bringt ein Frontgewitter eine merkliche und andauernde Abkühlung, ist an keine Tageszeit gebunden und kann deshalb auch in den frühen Morgenstunden

Die Schlotströmung warmen Wassers in kaltem entspricht der Thermik bei der Entstehung einer Gewitterwolke.

Deutlich unterscheidbar ist die scharf konturierte Wasserwolke von der diffus geränderten Eiskappe in einem Gewitterwolkenturm.

Gewitterhimmel über Schleswig-Holstein (Foto: Peter Schuster, Neumünster)

auftreten. Über dem stark erwärmten Meer entstehen aber auch nachts konvektive Gewitter.

Gewitterärmstes Land in Deutschland

Wegen des ozeanisch gemäßigten Klimas ist Schleswig-Holstein allerdings kein besonderes Gewittergebiet. Ja, Schleswig-Holstein ist sogar das gewitterärmste Land in der Bundesrepublik. Im Durchschnitt gewittert es in Deutschland etwa 30 bis 35 mal im Jahr, in Schleswig-Holstein nur an 17 Tagen. Häufig gewittert es im Raum Schleswig (23 Tage), und auch das Hamburger Umland liegt deutlich über dem Durchschnitt (Ahrensburg 21 Tage, Hamburg-Fuhlsbüttel 25 Tage). Auch in Teilen Norderdithmarschens liegt die Gewitterhäufigkeit über dem Landesdurchschnitt (Heide 21). Kiel meldet im Schnitt 18 Gewitter. Das Minimum findet sich an der See (Travemünde 12, Wyk 12). Während der Seewind an den Küsten die notwendige Thermik herabsetzt, kommt es über Städten zu stärkerer Aufheizung und damit zu gewitterträchtigeren Lagen als in der ländlichen Umgebung. Seen und Wälder wie z.B. in der Holsteinischen Schweiz halten den Gewittereinfluß niedrig (Eutin 13, Plön 16).

Die gewitterärmsten Monate sind Januar und Februar, aber auch noch Dezember und März. Im allgemeinen ist im August landesweit die Gewitterhäufigkeit am größten. Nur in wenigen binnenländischen Räumen gewittert es bereits im Juli etwas mehr (Eutin, Mölln, Bad Segeberg).

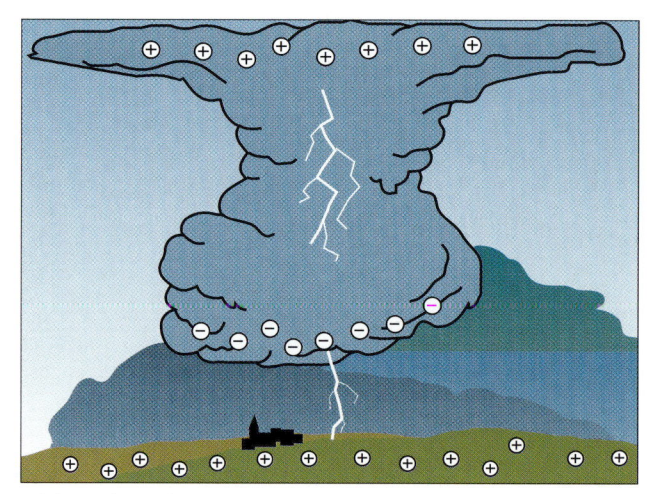

Elektrische Ladungsverhältnisse in einer Gewitterwolke

Drohend schwarz zieht eine Gewitterfront heran.
Traue niemand dem Spruch: „Eichen sollst du weichen, Buchen sollst du suchen". Die Höhe des Baumes in isolierter Lage, auf freiem Feld also, lockt den Blitz an, die Baumart ist ihm egal. Sicher ist man im Wald oder Auto. Badende sollten bei Gewitter sofort das Wasser verlassen. Ein Blitzeinschlag ins Wasser kann sich als Stromstoß ausbreiten, Badende lähmen oder gar töten.

Land im Wind

Ursachen und Messung des Windes

Das beherrschende Klimaelement in Schleswig-Holstein ist zweifellos der Wind. In keinem Land der Bundesrepublik spielt er eine so dominante Rolle. Diese Ausnahmesituation verdankt Schleswig-Holstein der Lage an zwei Meeren, über die die Luftmassen aus östlichen oder aus westlichen Richtungen mit hoher Geschwindigkeit auf die Küsten zugeführt werden.
Egal, aus welcher Richtung der Wind weht, seine Genese ist stets die gleiche, und sein Ziel besteht alleine darin, die ihn auslösenden Luftdruckunterschiede auszugleichen. Im Prinzip funktioniert er wie die Luft, die bei geöffnetem Ventil aus dem hohen Druck des Reifens mit Zischen herausströmt. Solange Innen- und Außendruck hohe Unterschiede aufweisen, zischt die Reifenluft stark; wenn die Druckdifferenzen geringer werden, säuselt schließlich nur noch ein Lufthauch aus dem Reifen, der bei ausgeglichenem Druck ganz zum Erliegen kommt. Beim Wind ist es nicht anders. Hohe Druckunterschiede führen zu stärkeren, entsprechend geräuschvollen Winden, niedrigere zu schwachwindigen Verhältnissen.
Letztere haben allerdings in Schleswig-Holstein Seltenheitswert. Das hängt einmal mit dem geringen Reibungswiderstand der Meeresoberflächen zusammen, zum anderen aber auch mit dem Wechsel von Land und Meer, der zu Temperaturunterschieden führt, die ihrerseits wiederum den Luftdruck beeinflussen. Warme Luft ist stets leichter als kalte, und führt zu örtlichen Tiefs und Hochs, die der Wind ausgleicht. Neben diesen sogenannten thermischen Druckgebilden gibt es auch die dynamische Entstehung an der Polarfront, die in Schwingungen nördlich unserer Breiten verläuft. Hier fließen in großen Höhen polare und subtropische Luftmassen nebeneinander und lösen Zyklonen und Antizyklonen (dynamische Tiefs und Hochs) aus, die unser Wetter und nicht zuletzt die Windverhältnisse bei uns bestimmen. Wie auch immer die Winde zustande kommen – thermisch oder dynamisch – in jedem Fall bleiben sie Kinder der Sonne.
Benannt wird der Wind mit Hilfe der Windrose stets aus der Richtung, aus der er weht. Ein Nordwind fließt also nicht nach Norden, sondern kommt von dort und weht nach Süden. An der Küste und unter Seeleuten sind die Bezeichnungen Luv und Lee gebräuchlich, wobei Luv die windzugewandte Seite benennt und Lee die windabgewandte. In einem windreichen Land wie Schleswig-

Landestypische Fahne im Wind

Lee – windabgewandt

Luv – windzugewandt

Windfahnen auf Dächern dokumentieren das besondere Verhältnis des Menschen zum Wind: Schimmelreiter in Silberstedt, Kuh in Ottendorf, Krabbenkutter in Friedrichskoog, Mühle in der Wilster Marsch, Leuchtturm Staberhuk (Fehmarn)

Holstein verwundert es nicht, daß Windfahnen bzw. Wetterhähne auf vielen Dächern die Windrichtung angeben. Es gibt sie in zahlreichen Varianten – je nach Geschmack des Eigentümers, nach beruflicher Orientierung oder Bezug zur Landschaft. Um die Windrichtung zu bestimmen, kann man natürlich auch den Finger in den Mund stecken, ihn feucht machen und in den Wind halten.

Zur Messung der Windstärke dient das Schalenanemometer. Drei halbe Hohlkugeln – sternartig um eine bewegliche Achse angeordnet – fangen mit ihrer gewölbten Schaleninnenseite den Wind auf. Die Umdrehungsgeschwindigkeit des Anemometers überträgt sich auf ein Zählwerk, auf dem die Windgeschwindigkeit abzulesen ist. Für Messungen des Deutschen Wetterdienstes befinden sich solche Anemometer auf 10 m hohen Masten, und die Windgeschwindigkeit wird von einem elektrischen Windschreiber selbsttätig festgehalten.

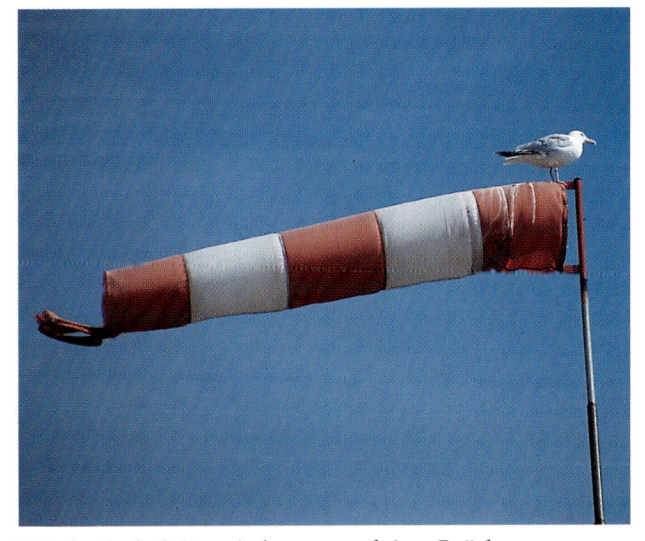

Windsack als Seitenwindwarner auf einer Brücke

Windstärken und Windrichtungen

In einem meerumschlungenen Land wie Schleswig-Holstein weht der Wind fast ständig. Die über das ganze Land verstreuten ca. 30 Windmeßstationen des Deutschen Wetterdienstes haben eine durchschnittliche Windgeschwindigkeit von 4 bis 5 m/s für ganz Schleswig-Holstein ermittelt. Natürlich weht der Wind an den Küsten am stärksten. Zum Binnenland hin wird er schwächer, wie der Windkarte (S. 55) zu entnehmen ist. Er ist aber auch dort immer noch stark genug, um auf den leichten Sandböden der Geest zu Austrocknung und zu Bodenverwehungen zu führen und der Vegetation zu schaden.

Schleswig-Holstein liegt im sogenannten Westwindgürtel der mittleren Breiten. Daraus zu schließen, daß es fast nur Winde aus westlichen Richtungen gäbe, ginge an den Tatsachen vorbei. Die beiden Winddiagramme von Hallig Hooge und Schleswig (S. 55) stehen stellvertretend für das ganze Land. Im Jahresgang schwanken die Windrichtungen ganz erheblich. So erhält Schleswig-Holstein im Frühjahr, besonders im Mai, prozentual vorwiegend Winde aus Osten. Im Juli beherrschen West- und Nordwestwinde das Bild der Windrichtungen, und ab Oktober bis Januar wehen vor allem Südwestwinde. Vergleichsweise selten vertreten sind Nord- und Nordostwinde. Starke nördliche Winde bringen als Fallwinde (Föhn) vom Norwegischen Gebirge überraschend oft schönes bzw. aufgelockertes Wetter mit sich.

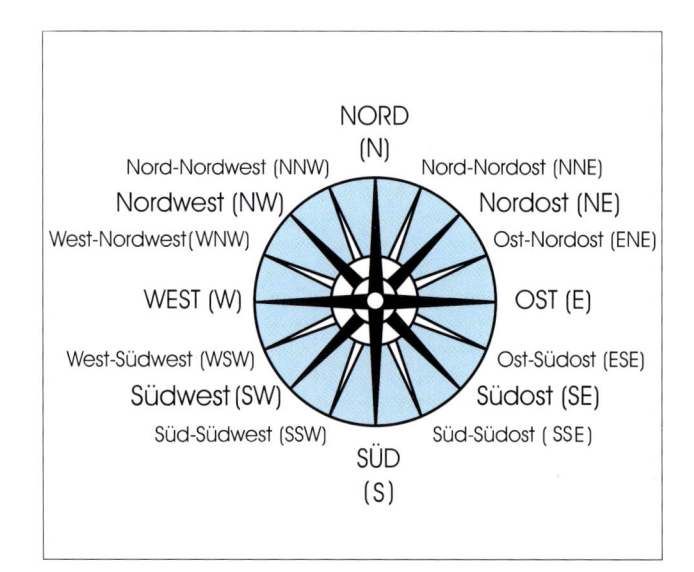

Windrose

Auffällig im Vergleich der beiden Diagramme sind die Unterschiede, die sich aus der geringen Reibung des Windes über der Meeresoberfläche (Hooge) und den stärkeren Reibungsverlusten im bewegten Moränenrelief bei Schleswig ergeben. Die prozentualen Differenzen sind ein Maß für die Wirkung der Bodenreibung.

In viel größerem Maße gilt dies für die mittleren Windgeschwindigkeiten, die in den Winddiagrammen integriert erscheinen. Leicht vergröbert ergibt sich eine Halbierung der Windgeschwindigkeit im östlichen Hügelland im Vergleich zum Wattenmeer.

Wind-stärke	Erklärung	Geschwindigkeit in Metern pro Sekunde	km in der Stunde
0	Windstille, Rauch steigt gerade empor	bis 0,2	bis 1
1	leiser Luftzug, Rauch steigt schräg empor	bis 1,5	bis 5
2	leichter Wind, Blätter bewegen sich	bis 3,3	bis 11
3	schwacher Wind, Zweige bewegen sich	bis 5,4	bis 19
4	mäßiger Wind, große Zweige und dünne Äste bewegen sich	bis 7,9	bis 28
5	frischer Wind, kleine Bäume schwanken	bis 10,7	bis 38
6	starker Wind, starke Äste bewegen sich	bis 13,8	bis 49
7	steifer Wind, Bäume schwanken, gehemmtes Gehen	bis 17,1	bis 61
8	stürmischer Wind, Zweige brechen ab, erschwertes Gehen	bis 20,7	bis 74
9	Sturm, Dächer werden abgedeckt	bis 24,4	bis 88
10	schwerer Sturm, Bäume werden entwurzelt	bis 28,4	bis 102
11	orkanartiger Sturm, große Sturmschäden	bis 32,6	bis 117
12	Orkan, Verwüstung, Mauern stürzen ein	über 32,6	über 117

Mittlere Windgeschwindigkeiten in m/s. Die Karte macht den Unterschied zwischen dem Binnenland und den Küstenregionen deutlich. Die Werte bewegen sich zwischen 4 m/s und 7 m/s, das entspricht etwa den Windstärken 3 bis 4. Für die optimale Nutzung der Windenergie ist eine solche Karte eine unverzichtbare Planungshilfe.

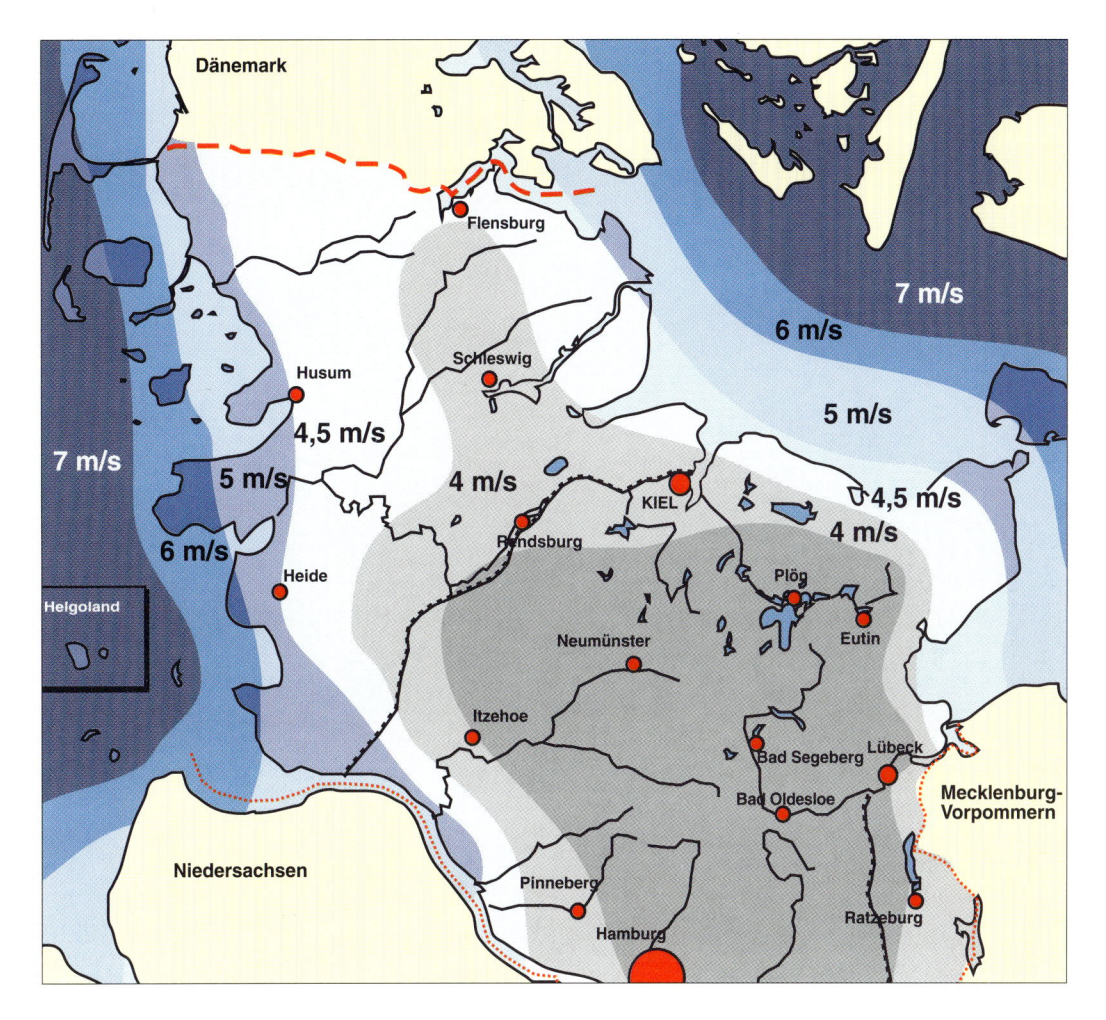

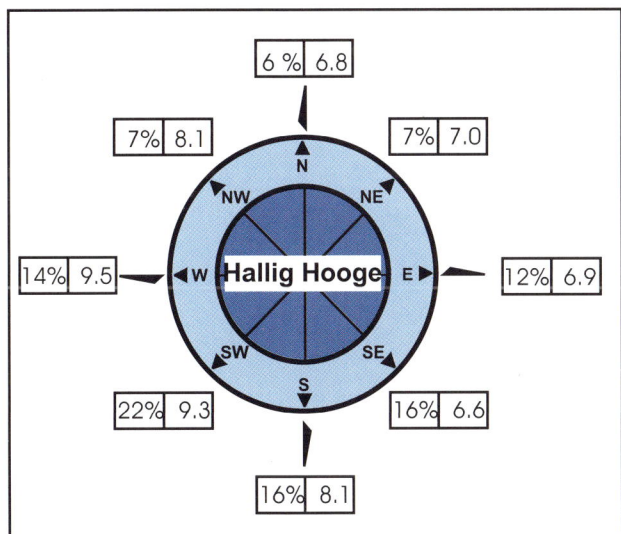

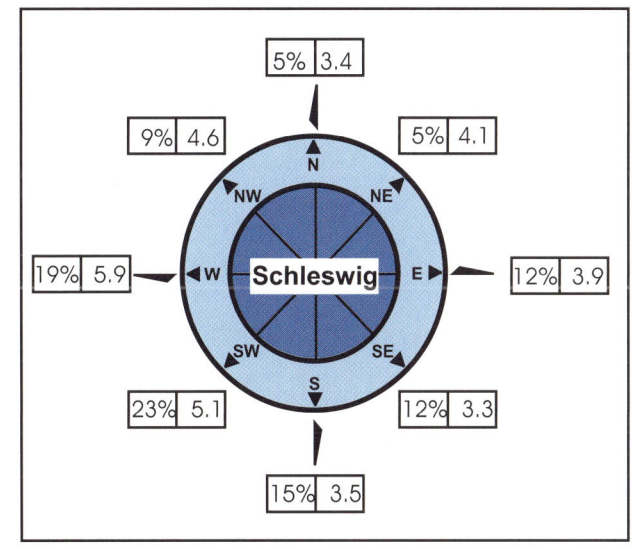

Hallig Hooge

- N: 6% | 6.8
- NE: 7% | 7.0
- E: 12% | 6.9
- SE: 16% | 6.6
- S: 16% | 8.1
- SW: 22% | 9.3
- W: 14% | 9.5
- NW: 7% | 8.1

Schleswig

- N: 5% | 3.4
- NE: 5% | 4.1
- E: 12% | 3.9
- SE: 12% | 3.3
- S: 15% | 3.5
- SW: 23% | 5.1
- W: 19% | 5.9
- NW: 9% | 4.6

Mittlere Häufigkeit der Windrichtungen in % der Jahresstunden; mittlere Windgeschwindigkeit in m/s

Windstille – in der Seglersprache heißt das Flaute – herrscht in Schleswig-Holstein nur an wenigen Tagen im Jahr, zumeist auch nur für ein paar Stunden. Segler brauchen deshalb kaum zu befürchten, jemals von Ruder- oder Tretbooten überholt zu werden.

Die Zahl der Tage, an denen die Fehmarnsundbrücke für windanfällige Wohnwagen gesperrt wird, steigt parallel zur wachsenden Zahl der Sturmtage. Dann bildet sich eine Schlange wartender Wohnwagengespanne beiderseits der Brücke. Die einen verpassen das Fährschiff nach Skandinavien, die anderen werden gehindert, zum „Kontinent" überzusetzen.

Starker Wind wirbelt den trockenen Strand- und Dünensand auf und fegt ihn wie ein Sandstrahlgebläse über den Strand. Dies kann an jedem Strand passieren, insbesondere natürlich dort, wo der Wind auf weiträumigen Stränden tüchtig Anlauf nehmen kann. Die meisten Pflanzen des Strandes sind an den Sandschliff angepaßt.

„Wenn die Möwen zum Land fliegen, werden wir Sturm kriegen", heißt es an der Nordseeküste. Tatsächlich versammeln sich bei Sturm die Vögel des Wattenmeeres zu Tausenden hinter den schützenden Deichen.

Die See– und Landwind–Zirkulation

Ein herrlicher Sonnen- und Sommertag lockt die Schleswig-Holsteiner und ihre Gäste in Scharen an die Strände von Nord- und Ostsee. Sogar einige Frühaufsteher sind unter ihnen. Die Sonne verdrängt rasch die nächtliche Kühle. Die Temperatur um 8.00 Uhr beträgt zwar erst mäßige 19 Grad C; aber in fast windstiller Luft wird diese Temperatur schon als angenehm warm empfunden. Das Wasser ist spiegelglatt. Die ersten Mutigen stürzen sich in die See. Im Laufe des Vormittags steigt die Temperatur rasch an und hat zwischen 10.00 und 11.00 Uhr bereits 24 Grad C erreicht. Da bemerkt der stille Beobachter, wie sich die Menschen in ihre Strandkörbe, hinter Windschutzplanen und Sandburgen verziehen. Bei Strandwanderern zeigt sich hier und da eine leichte Gänsehaut. Auf dem Meer beginnt es sich zu kräuseln, Wellen kommen auf, die gegen Mittag schon kleine Schaumkronen tragen. Der Blick zum Himmel läßt keine Wetteränderung erkennen. Was ist passiert?

Der vormittägliche Temperaturverlauf ist charakteristisch für die Seewind-Zirkulation. Für ihre Entstehung sind zwei Voraussetzungen erforderlich: Störungsfreies, windarmes Hochdruckwetter mit starker Sonneneinstrahlung und die unterschiedliche Erwärmung von Land und Meer im Tagesgang. Über dem Wasser macht sich letztere kaum bemerkbar, wohl aber über dem Festland. Die dort am Vormittag rasch steigende Temperatur löst Thermik aus, d.h. den Aufstieg der erwärmten Luft. Am Boden entsteht ein Tief, in etwa 300 m Höhe ein Hoch, in das die Bodenluft hineinströmt. Von dort fließt die Luft seewärts ab und beginnt über dem kühlen Wasser abzusinken. Es bildet sich in der Höhe ein Tief, über der Wasseroberfläche ein Hoch. Von dort strömt nun kühle und feuchte Meeresluft als Seewind in das Bodentief über dem Festland. Der Kreislauf ist geschlossen. Die Keimzelle für den kühlen Seewind liegt also in der starken Erwärmung des Festlandes.

Typisch für die Seewindzirkulation ist die Ausbildung einer Seewindfront über dem Festland. Dort bildet sich nämlich durch die Thermik und verstärkt durch die aktive Verdrängung der Warmluft durch die Seewind-Kaltluft, eine bis zu 500 m breite, stehende Bank von Cumuluswolken, aus denen gelegentlich Schauer fallen können.

Sein Maximum erreicht der Seewind etwa zwei Stunden nach Sonnenhöchststand. Wenn die Temperaturgegensätze zum Abend hin geringer werden, schwächt sich der Seewind ab, und nach einer Phase der Windstille setzt der nächtliche Landwind ein; denn nachts sinken die Temperaturen über dem Land stark ab, während sie über dem Wasser stabil bleiben. Allerdings sind die nächtlichen Temperaturunterschiede zwischen Land und Meer kleiner als am Tage, so daß Reichweite und Stärke des Landwindes nur 10 km seewärts bei 1 bis 3 Beaufort betragen, während der Seewind mit 2 bis 4 Windstärken 20, 30 km und mehr landeinwärts wehen kann.

Die Häufigkeit der See- und Landwind-Zirkulation liegt an Nord- und Ostsee etwa gleich hoch. Sie tritt in reiner Form an durchschnittlich 10 Tagen im späten Frühjahr und im Sommer auf, wenn die Temperaturgegensätze zwischen Land und Wasser groß sind. Darüber hinaus gibt es noch etwa 20 modifizierte Seewindtage. Zumeist weht an der Küste ein Wind, der durch die großräumigen Luftdruckgegensätze bestimmt wird. Er überlagert die See- und Landwind-Zirkulation, verstärkt sie bei übereinstimmender und schwächt sie ab bei gegensätzlicher Bewegungsrichtung.

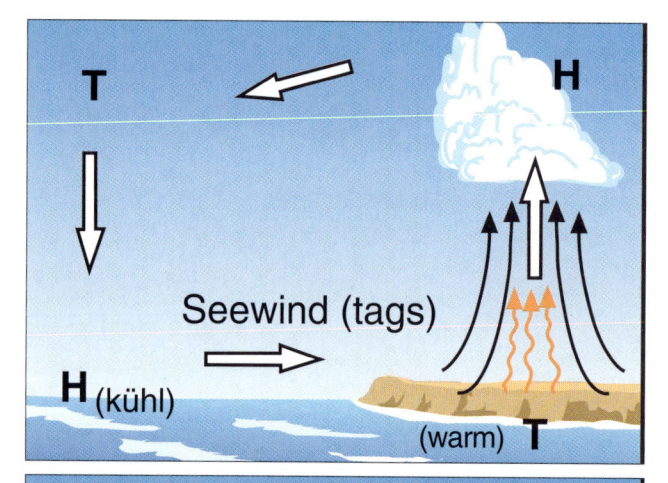

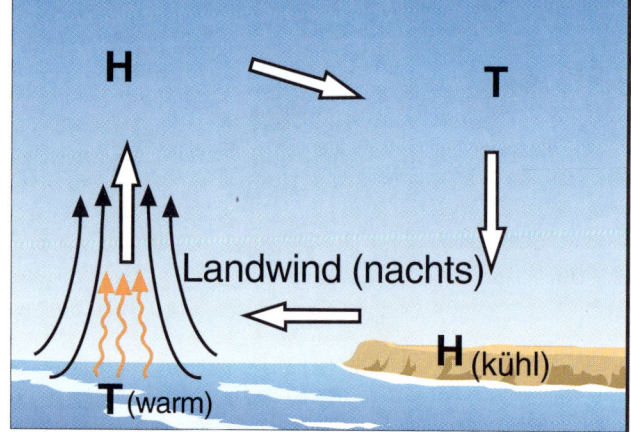

Die See- und Landwind-Zirkulation

Der Strand von Eckernförde an einem warmen, sonnigen Sommertag. Bis etwa gegen 10.00 Uhr vormittags kann es noch ziemlich windstill sein. Der frühe Vormittag ist die Zeit des Kenterns vom nächtlichen Landwind zum Seewind. Das Wasser ist ruhig. Keine Wellen behindern das Schwimmen. Fahnen hängen schlaff im Wind.

Am späten Vormittag setzt der Seewind ein und gewinnt an Stärke, je größer der Temperaturunterschied zwischen Land und Meer ist. Zumeist erreicht er sein Maximum – wie auch die Temperatur – zwischen 15.00 und 16.00 Uhr. Das Wasser wird unruhig, Schaumkronen bilden sich, und die Wellen brechen am flachen Strand.

Wind als Landschaftsgestalter

Die Charakterisierung des Windes als beherrschendes Klimaelement in Schleswig-Holstein legt die Vermutung nahe, daß er auch landschaftsbeeinflussende Funktionen übernimmt. Entsprechend der durchschnittlichen Windstärke zeigt der Wind an den Küsten und an küstennahen Standorten seine besondere Gestaltungskraft. Dort führt er bei höheren Pflanzen zu Wachstumserschwernissen. Auf den nordfriesischen Geestinseln stellen Zwergsträucher in den Dünenheiden statt der Bäume den natürlichen Bewuchs dar, und Kriechweiden – Wälder im Miniformat – drücken sich auf dem Boden entlang. Wo dennoch Bäume und größere Sträucher wachsen, hat Windschur ihnen oft beträchtliche Deformationen zugefügt. Nach Osten gebogene Baumkronen und asymmetrischer Strauchwuchs weisen auf die dominante Windrichtung hin und bilden ein auffälliges und unübersehbares Landschaftselement, an der Nordseeküste und in den flachen Marschen ebenso wie an der Ostseeküste.

Durch die mechanische Wirkung des Windes (Winddruck) werden Äste und Zweige geknickt und Blätter auf der Luvseite abgerissen. Die Pflanzen entwickeln sich zur Leeseite stärker. Dazu kommt eine physiologische Wirkung. Auf der windzugewandten Seite herrschen höhere Verdunstungswerte vor. Die entsprechenden Wasserverluste lassen die Blätter welken und besonders die empfindlichen Knospen vertrocknen. So wird das Wachstum der Pflanze in Luv gehemmt. Die physiologischen Bedingungen verschärfen sich noch an der Nordseeküste durch salziges Brandungssprühwasser. Der feine Gischtnebel wird vom Wind ins Land hineingetragen und trifft die Luvseite. Die hygroskopische, d.h. wasserentziehende Wirkung des Salzes, führt zu Schädigungen der Pflanze, zum Absterben ihrer Vegetationspunkte und verstärkt ihre Deformation.

Die Dünenbildung ist ebenfalls eine Folge des Windes. Er häuft den Sand zu Dünen auf und bringt manche davon – im Listland auf Sylt – zum Wandern. Da der Wind an der Ostseeküste zumeist ablandig weht, sind Dünen hier seltener. Zumeist werden nur die von der Brandung aufgeworfenen, zum Teil 1 bis 2 m hohen Strandwälle durch Flugsand überdünt. Nur wo im Bereich von Buchten die Küstenlinie nach Westen exponiert ist, können sich zusammenhängende Dünenfelder bilden, z.B. bei Weißenhaus an der Hohwachter Bucht.

Um die bodenaustrocknende und bodenverwehende Wirkung des Windes zu verringern, wurden insbesondere auf den leichten Sandböden der Schleswiger Geest Baumreihen als lebende Windschutzzäune gepflanzt. Die nun wahrhaft das Bild Schleswig-Holsteins prägenden Wallhecken – Knicks genannt – besitzen zwar auch eine windhemmende Bedeutung, sind aber vor 200 Jahren zur Regelung der Eigentums- und Bewirtschaftungsverhältnisse als Zaunersatz angepflanzt worden und nicht zum Zwecke des Windschutzes. Auf den Nordseeinseln geben die „Friesenwälle" aus Rosenhecken den Häusern und ihren Bewohnern Windschutz, und in der Marsch brechen Baumreihen an der Westseite der Höfe den Wind.

Wanderdüne im Listland auf Sylt

Sandsturm über der Binnendüne bei Krummenort

Windschur – ein auffälliges Landschaftselement an Schleswig-Holsteins Nord- und Ostseeküste

Stürme und Küstenschutz

Sind Windschur und Dünenbildung die Folgen beständig wehender Winde, so sind die Stürme und die mit ihnen verbundenen Sturmfluten zumeist unerwartete, oft dramatisch verlaufende Spontanereignisse. Neben den materiellen Schäden am Hab und Gut des Menschen sind es vor allem verheerende Auswirkungen an Natur und Landschaft, die Orkantiefs verursachen. An der Südspitze Sylts wird der Platz immer enger. Wälder, insbesondere flachwurzelnde Nadelbestände, werden geknickt wie Streichhölzer oder mit den Wurzeltellern umgekippt. Steilküsten werden abschnittsweise in einer einzigen Ostseeflut um 2 bis 3 m zurückverlegt, wenn durch zusätzliche Hangbewegungen eines vernäßten Steilufers erdrutschartige Massenbewegungen entstehen. Dann muß mal eben wieder ein Küstenwanderweg landeinwärts verlegt werden. Folgeschäden sind darüber hinaus nicht zu erwarten, im Gegensatz etwa zu flächenhaftem Windbruch. Wird das tote Holz nicht rasch genug aus den Wäldern entfernt, finden die Borkenkäfer, Kupferstecher, Buchdrucker und Co. ideale Bedingungen zu ihrer Vermehrung, befallen verstärkt auch gesunde Bäume. Beobachtete Tatsache ist: Anzahl und Heftigkeit der Stürme (ab Windstärke 8) über dem Nordatlantik nehmen zu. Die Nordseefluten schwellen an, werden agressiver.

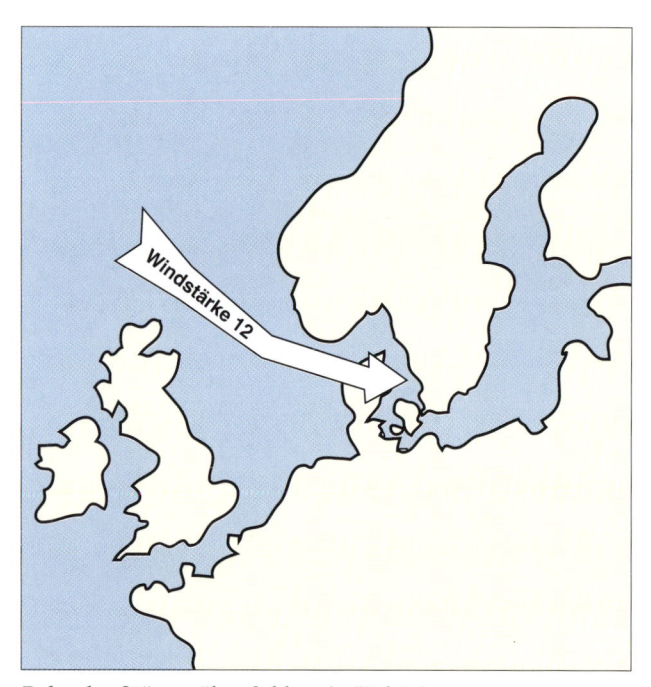

Bahn der Stürme über Schleswig-Holstein

Windbruch und Borkenkäfer als Nutznießer

Immer häufiger gibt das Bundesamt für Seeschiffahrt und Hydrographie Warnmeldungen über zu erwartende „sehr schwere Sturmfluten" heraus (ab 3,5 m über dem mittleren Tidehochwasserstand). Die Wellenhöhe in der Nordsee betrug 1965 noch 14 m, heute türmen Stürme Wellenberge von 17 m Höhe auf. Die Zahl der jährlichen Landunter auf den Halligen steigt. Der Tidenhub – der Unterschied zwischen Ebbe und Flut – wächst besorgniserregend; 75 cm pro Jahrhundert lautet eine Schätzung. Noch scheinen die Deiche sicher zu sein, aber ihre Sicherheitsreserve schmilzt rascher dahin, als Wasserbauingenieure es vermutet haben. Überall an der Nordsee sind im letzten Jahrzehnt umfangreiche Deichverstärkungsmaßnahmen gelaufen, um Profile und Höhen den gewachsenen Erfordernissen anzupassen, ein Prozeß, der noch längst nicht abgeschlossen ist und es wohl

Sturmflut am Eidersperrwerk

Sturmflut an der Ostseeküste

auch niemals sein wird. Schon wird davon gesprochen, daß mehrere Deichlinien hintereinander gefährdete Küstenabschnitte schützen müssen. Überflutungsköge seien einzurichten, die Öffnung des Eidersperrwerks könne den Druck von den Deichen nehmen...

Die schweren Orkane erreichen Schleswig-Holstein fast nur in den Wintermonaten. Die Ursache liegt in dem großen Temperaturgefälle zwischen Polarregion und Subtropen. In der Polarnacht sinken die Temperaturen auf minus 40 Grad C herab und bilden eine weitaus größere Differenz zur Wärme der subtropischen Luftmassen als im Sommerhalbjahr. Die daraus resultierenden Druckunterschiede können sich in Form verheerender Orkane äußern. Geburtsort der Sturmtiefs ist die Polarfront im nördlichen Atlantik, von wo aus die Wanderung nach Osten beginnt.

Sind es die Stürme aus dem Westquadranten, die an der Nordseeküste Deiche gefährden können, so sind es an der Ostseeküste die Oststürme nach vorausgegangenen Weststürmen, die in den Innenförden Überschwemmungen durch Hochwasserstau verursachen können. Lassen starke Westwinde nach, schwappt das nach Osten getriebene Wasser nach Schleswig-Holstein zurück. Wird dieser „Badewanneneffekt" noch zusätzlich durch Winddrehung auf Ost verstärkt, können Hochwasserstaus von bisher maximal 3,50 m über Normalnull (1872) zu schlimmen Verwüstungen und Deichzerstörungen führen. Küstenschutz ist an der Ostsee dank der vielen Steilufer nur stellenweise nötig, muß aber in den niedrig gelegenen Ufergebieten (Probstei u.a.) genauso ernstgenommen werden wie an der Nordsee.

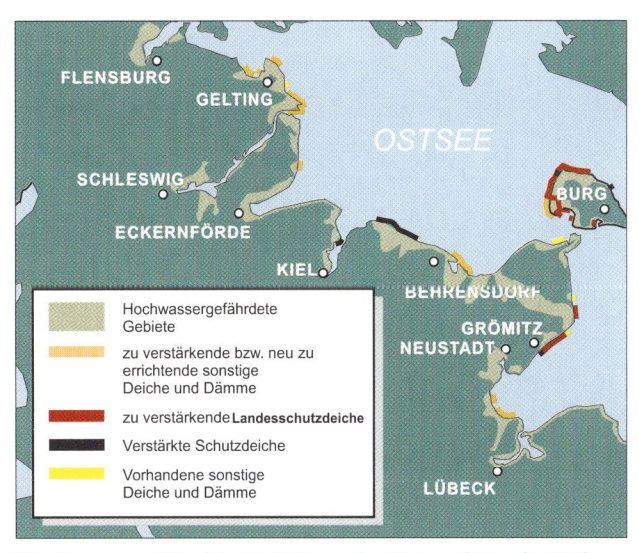

Hochwassergefährdete Gebiete an der Ostsee (Stand 1995)

Dramatische Stunden an der Nordsee. Wind mit Stärke 11, in Böen 12 peitscht das Wasser an die Deiche. Die gesamte, fast 2 km breite Sandbank von St. Peter-Ording steht unter Wasser. Die Flut brandet gegen die hölzerne Brücke zum Strand. Die treffliche Bezeichnung des Stelzenhauses da draußen als „Arche Noah" erscheint sinnreicher denn je.

Wer im Sommer über die Strandbrücke von St. Peter-Ording geht, mag kaum glauben, daß schwere Winterstürme Strand, Vorland und Brücke unter Wasser setzen können und der „Blanke Hans" am Schwarzdeich des Ortes branden kann.

64

Die Sturmfluten an der Ostseeküste kommen – logisch – von Osten. Aber die wirklich schweren Sturmfluten gebiert der Westwind. Er treibt das Wasser nach Osten, leert trügerisch die Buchten und Förden. Die Kieler Seebadeanstalt liegt auf dem Trockenen; Hochwasser dagegen gibt es im russischen St. Petersburg. Entwarnung für Schleswig-Holstein?

Wenn dann der Wind jedoch auf Ost umspringt, verstärkt er das natürliche Zurückschwappen (Badewanneneffekt) und treibt das Wasser gen schleswig-holsteinische Ostseeküste, wo es sich in den Buchten und Förden aufstaut, über die Ufer tritt, Strandwälle zerstört, Deiche beschädigt, Strandsand fortspült und die Kieler Seebadeanstalt unter Wasser setzt.

Die Nutzung der Windkraft früher ...

Der Wind läßt sich nicht zähmen, wohl aber läßt er sich nutzen. In Schleswig-Holstein, dem windreichsten Land Deutschlands, gibt es noch viele Zeugnisse aus der Vergangenheit, die belegen, wie die Windkraft schon früher genutzt wurde, um Korn zu mahlen und Wasser zu fördern. Nicht nur im Freilichtmuseum Molfsee können die verschiedenen Typen von Windmühlen besichtigt werden. Immerhin sind von 1.000 Mühlen 88 landesweit als Kulturdenkmäler geblieben, von denen noch etwa 20 mahlen könnten, und einige tun es sogar schon wieder. Die meisten von ihnen dienen heute jedoch als Museum, Wohnung, Atelier oder Café. Wie auf Segelschiffen wurden einst die bis zu 11 m langen Flügel der Mühlen mit Segeltuch bespannt und je nach Windstärke gerefft, um die Drehzahl zu drosseln. Nur selten kam es vor, daß der Müller zum Nichtstun gezwungen war, so wie es Wilhelm Busch beschreibt:

> Ärgerlich aus der Mühle schaut der Müller,
> der so gerne mahlen will.
> Stiller wird der Wind und stiller,
> und die Mühle stehet still.
>
> So geht's immer, wie ich finde,
> rief der Müller voller Zorn.
> Hat man Korn, so fehlt's am Winde,
> hat man Wind, so fehlt das Korn.

Mühle in Eutin

Mühle in Nübbel bei Rendsburg

Mühle in Krokau/Probstei

... und heute

Ölpreiskrisen, Tschernobyl-Schock, die Umweltbelastung beim Verbrennen von Kohle, Erdöl und Erdgas sowie die Begrenztheit der Vorräte fossiler Energieträger haben in den Industrieländern weltweit die Suche nach anderen Energiequellen verstärkt, wobei Umweltverträglichkeit, Versorgungssicherheit und größere Unabhängigkeit von Energieimporten angestrebte Ziele sind. Die alternative Energiequelle, die in Schleswig-Holstein zur Verfügung steht und seit Jahren zunehmend genutzt wird, beschrieb der Bundespräsident Roman Herzog bei seinem Schleswig-Holstein-Besuch im März 1995 so: „Überall wird viel Wind gemacht, in Schleswig-Holstein macht man viel aus Wind". Daß Deutschland 1994 bei der Nutzung der Windenergie zur Stromerzeugung auf Platz 2 hinter USA und vor Dänemark gerückt ist, ist der intensiven Förderung der Windenergie vor allem in Schleswig-Holstein zu verdanken. Seit 1983, seit den negativen Erfahrungen mit Growian (Große Windenergie-Anlage) im Kaiser-Wilhelm-Koog ist die technologische Entwicklung soweit fortgeschritten, daß die Windenergie an der Schwelle zur Wirtschaftlichkeit steht und ab dem Jahr 2000 möglicherweise ohne staatliche Förderung auskommen kann.

Im Mai 1995 ging in Dithmarschen die tausendste Windkraftanlage Schleswig-Holsteins in Betrieb. Alle zusammen erzeugen 315 Megawatt, das sind knapp 7 Prozent des Strombedarfs in Schleswig-Holstein. Die Rasanz der Entwicklung macht der Vergleich mit der Karte „Wind-

Umweltentlastung durch Windkraft bei der Erzeugung von 250.000 kWh ≙ Jahresleistung einer kleinen Windkraftanlage mit ca. 100 kW Leistung.

Fehmarn: zur Zeit größter deutscher Windpark – Teilansicht

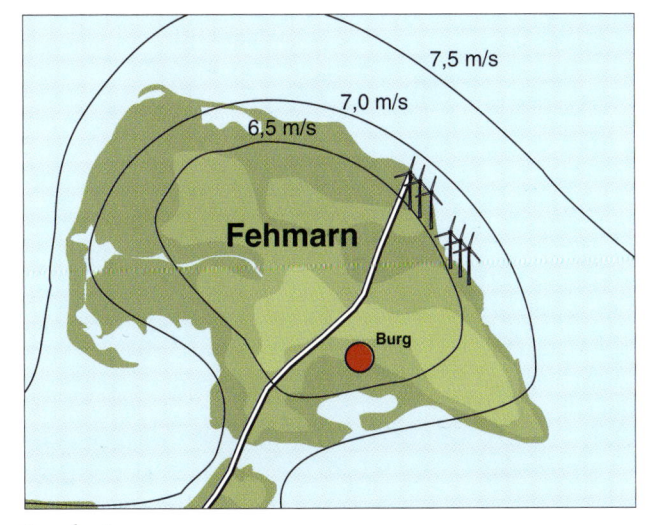

Lagekarte

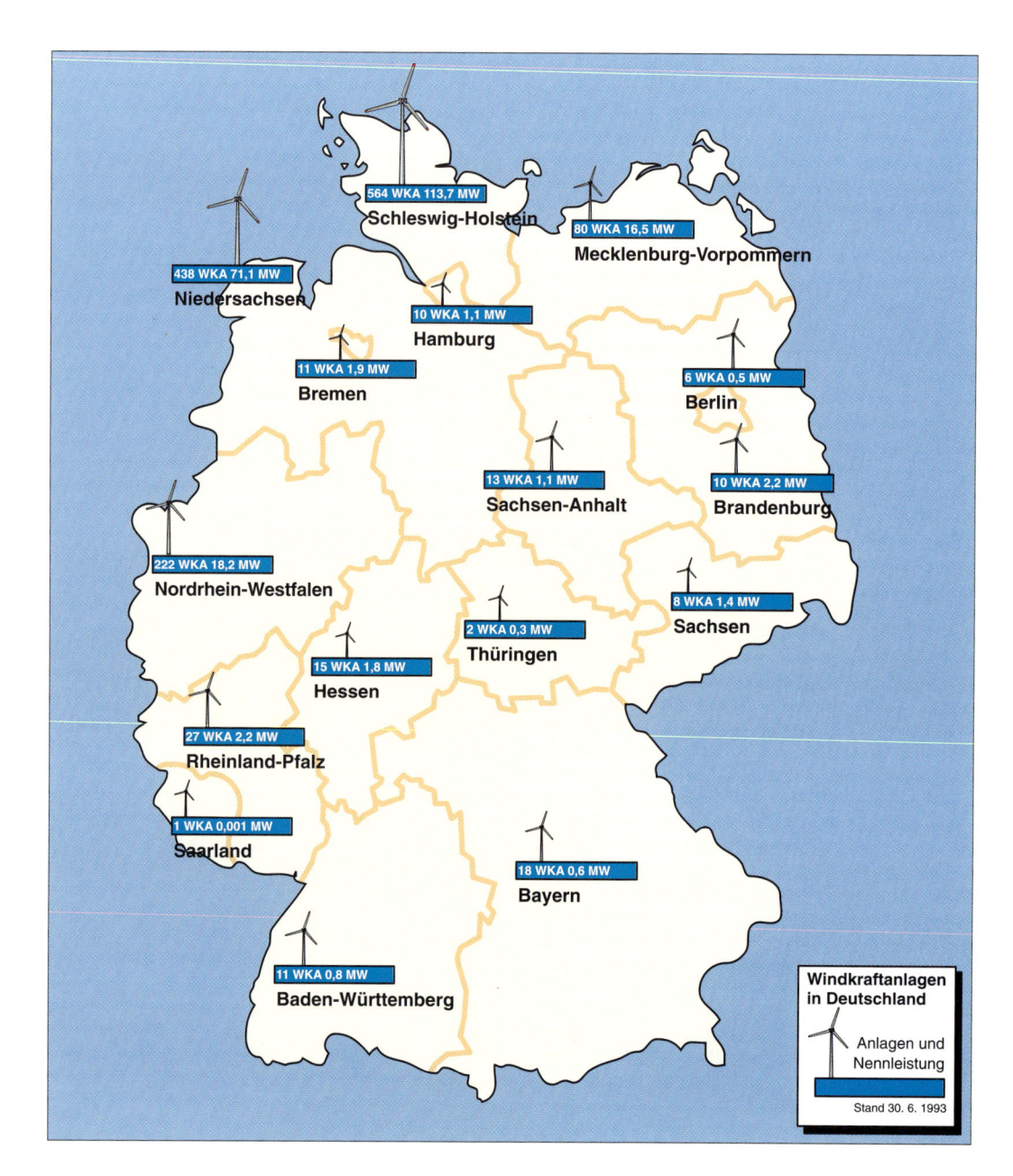

Windkraftanlagen in Deutschland

Schleswig-Holstein 564 WKA 113,7 MW
Mecklenburg-Vorpommern 80 WKA 16,5 MW
Niedersachsen 438 WKA 71,1 MW
Hamburg 10 WKA 1,1 MW
Bremen 11 WKA 1,9 MW
Berlin 6 WKA 0,5 MW
Sachsen-Anhalt 13 WKA 1,1 MW
Brandenburg 10 WKA 2,2 MW
Nordrhein-Westfalen 222 WKA 18,2 MW
Sachsen 8 WKA 1,4 MW
Thüringen 2 WKA 0,3 MW
Hessen 15 WKA 1,8 MW
Rheinland-Pfalz 27 WKA 2,2 MW
Saarland 1 WKA 0,001 MW
Bayern 18 WKA 0,6 MW
Baden-Württemberg 11 WKA 0,8 MW

Windkraftanlagen in Deutschland
Anlagen und Nennleistung
Stand 30. 6. 1993

kraftanlagen in Deutschland" sichtbar. Danach wurden gemäß Stand vom Juni 1993 in Schleswig-Holstein 113,7 Megawatt erzeugt. Seitdem ist die Dominanz Schleswig-Holsteins bei der „Windernte" weiter gewachsen. Die Pläne bis zum Jahre 2010 zielen auf einen 25 Prozent-Anteil der Windenergie an der Gesamtproduktion. Allerdings regen sich verstärkt Widerstände gegen den ungehemmten Ausbau der Windenergie in Form von Einzelanlagen. Umweltverträglichkeit darf nicht zu Lasten der Landschaftsverträglichkeit gehen. Deshalb wird die Förderung der umstrittenen Einzelanlagen zugunsten gebündelter Windkraft in Windparks zurückgenommen.
Die größten Windparks gibt es dort, wo der Wind am kräftigsten weht und daher seine horizontal gerichtete Bewegungsenergie in die stromerzeugende Rotationsenergie am effektivsten umgewandelt werden kann. Das ist vor allem in den Kögen Nordfrieslands und Dithmarschens sowie auf Fehmarn der Fall, wo sich gegenwärtig im Nordosten der Insel Deutschlands größter Windenergiepark befindet.

Hinter den Deichen des Friedrich-Wilhelm-Lübke-Kooges, direkt südlich des Hindenburg-dammes nach Sylt gelegen, steht eine Batterie von Windrädern zur Energieerzeugung. Dies ist einer der ganz großen Windparks in Schleswig-Holstein. Man kann die Windräder zählen…

Die Deichschafe haben sich an die modernen Windflügel gewöhnt. Die meisten Menschen akzeptieren sie als notwendigen Beitrag zur sanften Energieerzeugung, jedenfalls in Form von Windparks. Zu Recht eingeschränkt wird der Wildwuchs von landschaftsunverträglichen Einzelanlagen.

Sonne, Luft und Wind für Sport, Gesundheit und Erholung

Die klimatischen Reizstufen

Gesundheitsförderndes Reizklima herrscht nahezu in ganz Schleswig-Holstein, vor allem an beiden Küsten. Es härtet ab, beugt vor, bringt Erholung und Entspannung. Je nach Erholungsbedürftigkeit und Konstitution sowie nach ärztlichem Rat wird man sich eher dem Reizklima der Ostsee oder der Nordsee aussetzen. Reizfaktoren sind vor allem Strahlung und Sonne, Wind und Wasser, Brandung und Salzspray. Die biologisch wertvollen Seesalz-Aerosole in der Meeresluft beleben die Atemwege. Die Luftreinheit schont und entlastet den Organismus ebenso wie die geringe Tages- und Jahresschwankung von Lufttemperatur und Luftfeuchte. Starke Abkühlungsreize – durch Windeinfluß verstärkt – und hohe Sonneneinstrahlung stimulieren Kreislauf und Stoffwechsel. Unbeständigkeit ist zwar ein unstrittiges Merkmal des Schleswig-Holstein-Wetters, aber gerade im Wechsel des Zusammenspiels der meteorologischen Elemente liegt der gesundheitsfördernde Reiz.

Die Reizfaktoren gewinnen an Intensität, je wechselhafter sie auf den Körper einwirken. Besonders rasch und häufig wechselt das Wetter an der Nordsee. Menschen mit Erkrankungen der Atemwege oder mit Heuschnupfen-Allergie werden die pollenarme, jodhaltige Nordseeluft bevorzugen (idealer Standort ist Helgoland); wer windempfindlich ist und z.B. Probleme mit der Stirnhöh-

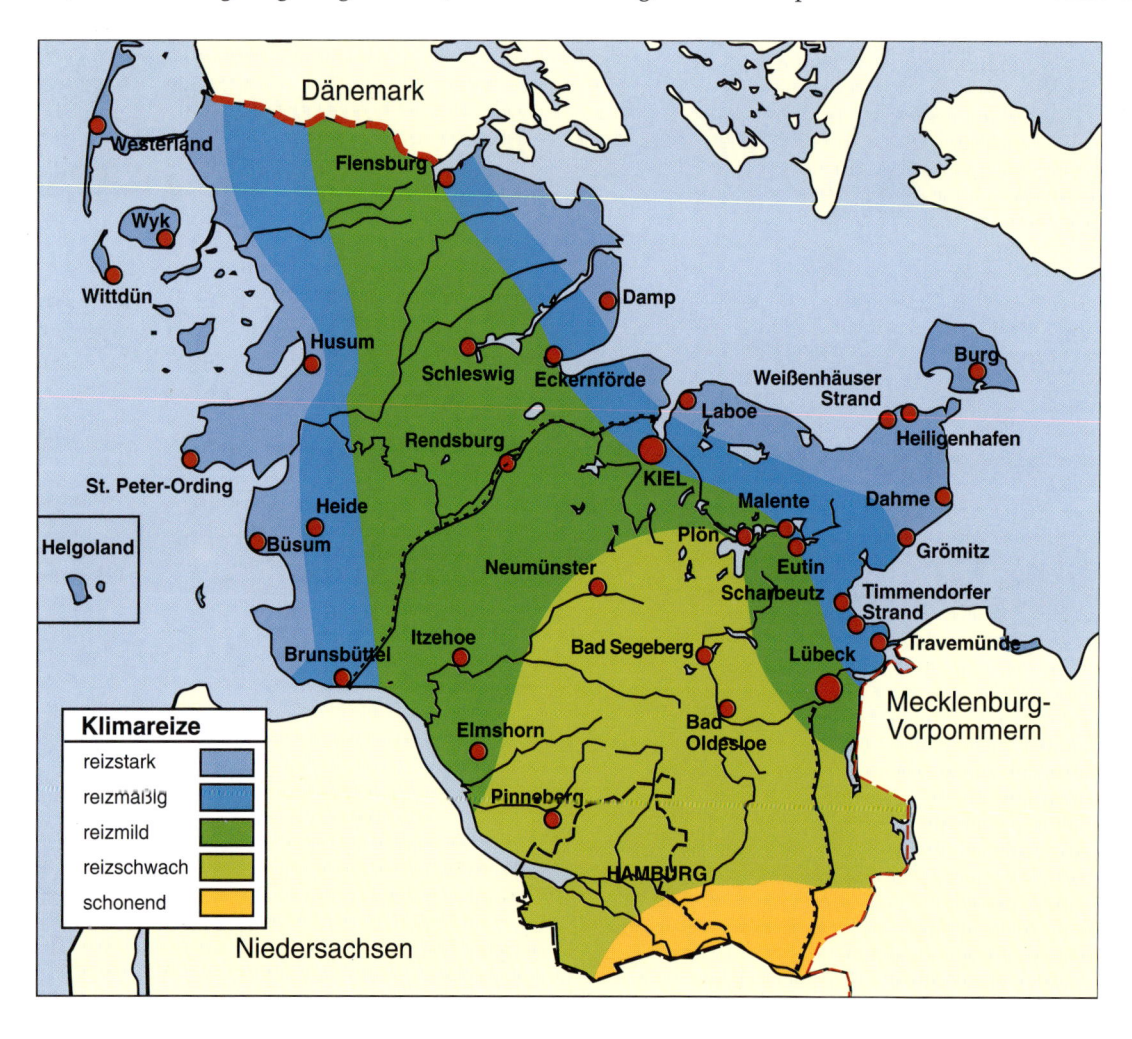

Klimatische Reizstufen in Schleswig-Holstein

Wandern auf dem nassen Strand

le besitzt, wird sich eher für das Ostseeklima mit geringeren Luftbewegungen entscheiden und seinen Strandaufenthalt vielleicht lieber hinter Steilküsten oder Strandwällen suchen. Die Heftigkeit des Nordseewindes, seine sandstrahlende Wirkung, kann der Strandwanderer auf der Sandbank von St. Peter-Ording oder dem Kniepsand von Amrum spüren.

Wegen des überwiegend auflandigen Windes herrscht vor den Nordfriesischen Inseln eine starke Brandung. Während der ruhige Schwimmer die Ostsee oder die Innenküste der Nordsee bevorzugt, ist gerade das Brandungsbaden vor den Nordfriesischen Inseln für viele Gäste besonders reizvoll. Sie lassen sich durchpeitschen, und die niedrigeren Wassertemperaturen als im Wattenbereich werden durch die Wassermassage mühelos kompensiert. Für Kinder allerdings ist hier das Baden ohne Aufsicht gefährlich. Ein kräftiger Brandungssog kann auf das Meer hinausziehen. Seine Überwindung stellt hohe Ansprüche an den Schwimmer.

An der Ostsee gibt es starke Brandung nur bei kräftigem Ostwind. Dann entsteht auch eine Sogwirkung in den Wellentälern, die ungeübte Schwimmer in Bedrängnis bringen kann. Der Seewind mit seinen geringen Windstärken um 2 bis 4 Beaufort erzeugt zumeist nur leichten, gefahrlosen Wellengang. Bei starken Westwinden besteht für Schlauchboote und Luftmatratzen die Gefahr, auf die offene See hinausgetrieben zu werden.

Belastende Schwüle ist dank des Windeinflusses an den Küsten selten, nimmt landeinwärts jedoch zu. An der Nordseeküste liegt die Schwülehäufigkeit niedriger als an der Ostseeküste. Sommerliche Hitzeperioden wie im Landesinneren bleiben den Seebadbesuchern wegen der Seewindzirkulation erspart.

Zum Binnenland hin nimmt die Reizintensität ab. Sie sinkt von reizstark über reizmäßig (Marsch, Westrand der Geest, küstennahes Östliches Hügelland) und reizmild (Landesmitte, Holsteinische Schweiz) über reizschwach (mittleres Holstein, Hamburger Umland) bis zu schonend (südlicher Teil des Kreises Herzogtum Lauenburg). So bietet Schleswig-Holstein alle positiven Reizstufen und Reizeinwirkungen, die je nach Bedarf – stärker oder schonender – der Gesundheit und der Erholung nutzbar gemacht werden können. Nur die belastenden Reizstufen, die sucht man in Schleswig-Holstein erfreulicherweise vergebens.

Mild bis schwach sind die klimatischen Reize in den waldreichen Gebieten des Binnenlandes mit den touristischen Zentren im Bereich der fünf Naturparks: Hüttener Berge, Westensee, Aukrug, Holsteinische Schweiz und Lauenburgische Seen. Nicht selten werden Wanderer von idyllisch gelegenen Waldseen überrascht, die zum Baden einladen.

Kneippanlagen gibt es in Malente (im Bild), in Mölln und Gelting. Das Tretbecken im Holm am Dieksee ist besonders malerisch gelegen. Die Kurgäste durchschreiten es im Storchengang, ganz nach Anweisung des ehrwürdigen Doktor Kneipp.

Vom Brandungsbad gehen besonders starke Reize aus. Neben der Abkühlung durch das Wasser wirken die mechanischen Reize durch die Brandung. Das Einatmen der salzigen Aerosole des Sprühwassers tut den Lungen wohl.

Bewegung an der frischen Luft, auf den Deichen und Stränden von Nord- und Ostsee, fördert den Regenerationsprozeß des Wanderers und Urlaubers, härtet ab, kräftigt, regt den Kreislauf an.

Wichtigstes Umweltkapital – die reine Luft

Ohne die reine Luft in Schleswig-Holstein wären die gesundheitsfördernden klimatischen Reize sicherlich nicht vorstellbar. Daß die Schleswig-Holsteiner in gesunder reiner Luft tief durchatmen können, verbuchen sie zu Recht unter Lebensqualität und, sofern sie vom Tourismus leben, als kostenloses Naturkapital. Tatsächlich atmen gerade viele Gäste aus belasteten Regionen Deutschlands auf, wenn sie in Schleswig-Holstein Urlaub machen oder zur Kur hierherkommen. Das sind nicht nur die vielen Menschen, die an chronischen Atemwegserkrankungen leiden. Schadstoffreiche Luft belastet jeden. Mit Abgasen aus Schornsteinen und Fahrzeugen – Stickoxid, Schwefeldioxid, Blei, Staub u.a. – angereicherte Luft verursacht über die Lungen in den Körper hineingezogenes Unwohlsein. Zehntausend Liter Luft verarbeiten unsere Lungen in täglicher Schwerstarbeit. Kein Wunder also, wenn das Atmen in reiner Luft weniger mühsam ist, die feinverästelten Bronchien und Millionen Lungenbläschen ihre Aufgabe leichter erfüllen können, den Sauerstoff in das Blut zu leiten und Kohlensäure auszuscheiden. Untersuchungen an Kurgästen haben nachweisbare Verbesserungen der Lungenfunktion ergeben, die auch am Heimatort nachwirken.

Spaziergang im Watt

Schleswig-Holstein ist ein Reinluftgebiet

Von den vielen Umweltindikatoren, die sich auf die Gesundheit auswirken, ist – dies ergab eine Befragung von Chef- und Oberärzten in Reha- und Fachkliniken – die Luftqualität am wichtigsten. Nach Einschätzung der Mediziner folgen erst danach Wasserqualität, Lärm, Zustand der Natur und die Risiken durch Verkehr und Industrie. Wegen der Bedeutung der guten Luft sind die Kurorte z.B. zur Durchführung von Luftgütemessungen verpflichtet. Sie müssen immer wieder ihre Luftqualität unter Beweis stellen, damit sie ihren Status aufrechterhalten können.

Der Grund für die gesunde Luft liegt mal wieder im Wind, der die relativ schadstofffreie Luft von beiden Meeren nach Schleswig-Holstein trägt, natürlich auch in der Lage fernab von den großen Industrie- und Ballungszentren Europas (allein in der Nähe Hamburgs ist eine gewisse Schadstoffbelastung festzustellen) sowie auch in den Umweltmaßnahmen, die von den Kommunen und vom Land vorgehalten werden. So hat z.B. 1992 eine bundesweite Untersuchung ergeben, daß von 105 Großstädten in Deutschland über 80.000 Einwohner Flensburg hinsichtlich der Luftqualität den 5. Platz einnehmen konnte. Diese hervorragende Plazierung verdankt Flensburg sicherlich zu einem erheblichen Teil seinem Heizkraftwerk, das mehr als 95 Prozent aller Wohnungen und Betriebe mit umweltfreundlicher Fernwärme versorgt, was wohl einen bundesdeutschen Rekord darstellen dürfte. In der gleichen Untersuchung kamen Kiel (6) und Neumünster (10) ebenfalls auf vordere Plätze.

Das Klima der Nordfriesischen Inseln ist für Menschen, die unter Erkrankungen der Atemwege leiden, sowohl wegen der Aerosole aus dem Meerwasser, als auch wegen der Pollenarmut besonders gesundheitsfördernd. Spezielle Heime, wie hier auf Föhr, dienen der Erholung von Kindern, die in der frischen Nordseeluft ihre bronchialen Infekte lindern.

Wenn es in Flensburg, einer knapp 90.000 Einwohner zählenden Stadt, gelungen ist, 95 % der Wohnungen und Betriebe an das Fernwärmekraftwerk am Ufer der Förde anzuschließen, dann stellt das nicht nur einen Rekord dar, sondern das Fehlen vieler Einzelschlote hat auch unmittelbare Auswirkungen auf die Luftqualität der Stadt.

Der Wind in den Händen: Typische Sportarten

Für vieles ist der Wind nutzbar: Müller nutzten einst seine Kraft; „Windbauern" mit Windrädern auf ihren Feldern „ernten" seine Energie. Flugzeuge fliegen in den orkanartigen Strahlströmen (Jetstream) an der Grenze zur Stratosphäre schnell und treibstoffsparend ans Ziel. Darüber hinaus gehört der Wind für die bodenständigen Schleswig-Holsteiner und für viele ihrer Gäste zum elementaren Landschaftserlebnis, vor allem für die Freizeitsportler und Spitzensportler, die an den Küsten von Nord- und Ostsee sowie auf vielen Binnenseen ihren zumeist auch für „Sehleute" interessanten Sportarten nachgehen.

Daß die schleswig-holsteinische Ostseeküste eines der schönsten Segelreviere der Welt besitzt, wissen die Sportler unzähliger Nationen, die zur Kieler oder Travemünder Woche anreisen und sich in den diversen olympischen und nichtolympischen Bootsklassen messen.

Auch die meisten Surfer ziehen die Ostsee der Nordsee vor, weil die Windverhältnisse ähnlich geeignet sind, aber die störende Bewegung der Wasseroberfläche geringer ist, dank der fehlenden Gezeiten, der oft vom Land wehenden Winde und des Schutzes der zahlreichen Buchten. Besonderen Zuspruches erfreuen sich die Surfreviere um die Insel Fehmarn, die mit der unterschiedlichen Exposition ihrer Küsten Anfängern wie Könnern ideale Bedingungen bietet. Nur die Profis unter den Surfern bevorzugen die rauhe Nordsee vor Sylt, laufen in den meterhohen Wellen zur Höchstform auf, beherrschen ihr Gerät dabei so perfekt, daß trotz oder gerade wegen der Höchstgeschwindigkeiten auch noch akrobatische Sprünge und sogar Überschläge dem staunenden Publikum präsentiert werden.

Jeder weiß, daß Segelboote nicht nur den Wind, sondern auch Wasser und einen Hafen brauchen. Nicht so in St. Peter-Ording. Hier liegen die Segler auf dem Trockenen. Wind und Sand auf der 12 km langen Sandbank vor Eiderstedt ermöglichen den Strandseglern die Ausübung ihrer faszinierenden Sportart. Mit atemberaubender Geschwindigkeit – den Wind in den Händen – jagen die schnittigen Strandsegler pfeilschnell (bis zu 120 km/h) über die feste Oberfläche des in Deutschland einmaligen Strandsegelreviers.

In kalten Wintern, wenn die Seen zugefroren sind, locken Eis und Wind alle diejenigen Segler und Surfer, denen die warme Jahreszeit zu kurz erscheint für die Ausübung ihres Sportes, an den Wittensee oder auf die Schlei. Dort „kacheln" Eissegler und Eissurfer über schwarzes Eis, tragen Meisterschaften aus.

Segeln vor der Fehmarnsundbrücke

Windjammerromantik

Vom Wind geblähte Spinnaker geben den schnittigen Cuppern die schnelle Fahrt.

Ein ehemals herbstliches Freizeitvergnügen von Familien mit Kindern, das Drachensteigen, hat sich zu einer echten Freizeit-Sportart entwickelt, die unabhängig von der Jahreszeit ausgeübt wird, wann immer Wind und Wetter es zulassen. Diese Drachen erinnern in nichts mehr an das Spielzeug, das die Väter früher ihren Söhnen bastelten. An dicken Leinen hängen Drachen aus Spinnaker-Nylon auf Glasfiberstäben, Materialien die bisher unbekannte Drachenformen und Flugleistungen ermöglichen, bei denen Zugkräfte von mehr als 150 kg entstehen, Sportgeräte also, die kräftige Männerarme und behandschuhte Fäuste erfordern.

Beliebt sind die im ganzen Lande stattfindenden Drachenfeste, wo es fliegende Riesenkraken zu bewundern gibt, Zauberinsekten, „tote Hosen" oder Kugelfische, wo regenbogenfarbene Rotoren sich drehen oder Buggies von Drachen über den Strand gezogen werden.

Optimistensegeln für Kinder

Eiskalt dürfte es wohl nur den Zuschauern werden, wenn sie den Eisseglern zusehen, wie sie in rasanter Fahrt über den Wittensee segeln und hier ihre Wettfahrten durchführen. Die Zahl der Wintertage, an denen das Eis tragfähig genug ist, hat allerdings in den letzten Jahrzehnten deutlich abgenommen.

Das Eissurfen ist für manchen Surffan eine willkommene Ergänzung zu seinem Sommersport. Die Verletzungsgefahr ist bei Stürzen auf dem Eis natürlich sehr viel größer als auf dem Wasser. Deshalb ist das Eissurfen sicherlich nichts für Anfänger im Surfsport.

Ein ideales Strandsegelrevier – die kilometerlange Sandbank vor St. Peter-Ording

Drachenfestivals wie hier in Niendorf an der Ostsee erfreuen sich steigender Beliebtheit.

Ein regenbogenfarbener Rotor

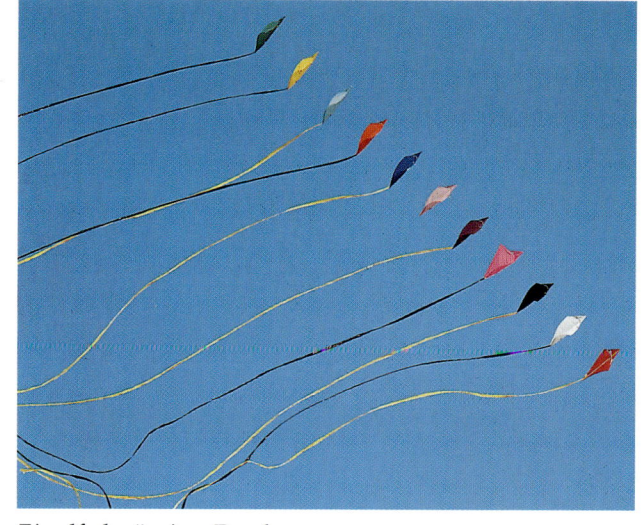

Ein elfschwänziger Drachen

Das Surfen auf der Ostsee ist für Anfänger wie für Fortgeschrittene gleichermaßen geeignet. Wind gibt es genug, das Wasser jedoch bleibt vor allem im Bereich von Buchten relativ ruhig. Die Küsten um Fehmarn – im Bild die Orther Reede – zählen zu den beliebtesten Surfrevieren in der Ostsee.

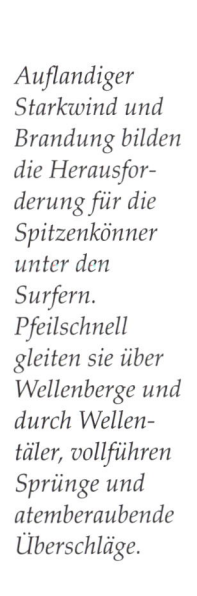

Auflandiger Starkwind und Brandung bilden die Herausforderung für die Spitzenkönner unter den Surfern. Pfeilschnell gleiten sie über Wellenberge und durch Wellentäler, vollführen Sprünge und atemberaubende Überschläge.

Mit dem Wind über Schleswig-Holstein: Segelfliegen und Ballonfahren

Als Wind bezeichnen die Meteorologen die horizontale Luftströmung. Für die Segelflieger und Ballonfahrer ist jedoch die vertikale Luftbewegung mindestens so wichtig wie die horizontale. Ohne den sogenannten Auftrieb, der die Luftfahrzeuge in die Höhe trägt, geht es nicht. Ein wichtiger Unterschied besteht dennoch: Segelflugzeuge nutzen den natürlichen Auftrieb, den durch Thermik entstandenen Aufwind; Ballonfahrer benötigen den künstlichen Auftrieb aus der Heißluft, die durch Verbrennung von Gas erzeugt wird, die Ballonhülle aufbläht, das gesamte Luftfahrzeug leichter macht als die umgebende Luft und es so zum Schweben bringt.

Über Schleswig-Holstein zu fliegen, über die Hügel, Wälder, Seen, Flüsse und Förden ist traumhaft, vor allem dann, wenn kein störendes Motorgeräusch das Flugerlebnis beeinträchtigt. Nur das Rauschen der Luftströmung ist vernehmbar, wenn das schnittige Segelflugzeug durch die Lüfte gleitet und dabei Geschwindigkeiten von über 200 km/h erreichen kann, mehr als ein kleines Motorflugzeug.

Nicht jeder von uns ist Segelflieger, aber jeder kann an einem Segelflug teilnehmen. Von 15 Flugplätzen aus bieten örtliche Segelflugvereine für ein geringes Entgelt Mitfliegemöglichkeiten in zweisitzigen Segelflugzeugen an: in Aventoft, Aukrug, Flensburg, Grambek, Grube, Kiel, Kropp, Leck, Lübeck, Neumünster, Schwesing, St. Michaelisdonn, Uetersen, Wahlstedt und Westerland.

Als störend für die Segelflieger und die Thermik negativ beeinflussend erweist sich oft der kühle Seewind in Schleswig-Holstein. Im Binnenland jedoch und insbesondere in der sandigen, wald- und seenarmen Geest erwärmt sich in ruhigen, strahlungsreichen Wetterlagen der Boden so stark, daß von ihm eine kräftige Thermik ausgeht. Von beiden Seiten strömt die Luft in das bodennahe Tief hinein, erwärmt sich, steigt auf und trägt die Segelflieger in große Höhen und – wenn sie wollen – weit nach Dänemark hinein.

Die Aufwinde, in denen sich die Segelflieger spiralförmig in die Höhe schrauben, werden oft von Cumuluswolken gekrönt, sobald die aufsteigende Luft infolge der Abkühlung das Kondensationsniveau erreicht. Solche Wolken dienen den Segelfliegern als Orientierungshilfe. Sie deuten nämlich eine darunter befindliche Schlotströmung, den Aufwind, an. Sobald die Segelflieger Höhe verlieren, steuern sie einen solchen Aufwind an. Fehlen Cumuli, weisen oft im Aufwind segelnde Greifvögel den Weg zu einer Thermikblase. Die erfahrenen Segelflieger wissen allerdings auch, die unterschiedlichen thermischen Eigenschaften des Erdbodens richtig zu interpretieren: Über kühlen Wäldern, Wiesen und Seen herrscht eine absteigende Luftbewegung; über Getreidefeldern, Autobahnen, Städten hingegen die gewünschte Thermik.

Achtgeben müssen die Segelflieger jedoch auf Cumulonimben, Gewitterwolken, die sich aus harmlosen Cumuluswolken entwickeln können. Segelflieger, die in Gewitterwolken hineingeraten, haben gelegentlich schon von Hagelbeschuß gegen die Tragflächen berichtet – übrigens von unten!

Ballonfahren – der Himmelsritt im Weidenkorb – ist die ganz beschauliche Art, Schleswig-Holstein aus der Luft zu genießen. Der Ballon schwebt gemächlich und lautlos im Höhenwind dahin. Nur das leichte Lodern der Pilotflamme ist vernehmbar, kein Rauschen, kein Pfeifen, gelegentlich das Fauchen des Brenners. Da der Ballonfahrer sich die Thermik selber schafft, ist er auf die natürliche Thermik nicht angewiesen. Im Gegenteil, sie stört und kann sogar den Start verhindern. Deshalb nutzt er die thermikschwachen Zeiten bei Sonnenaufgang und vor Sonnenuntergang. Dann sind die Bodenwinde schwach und erlauben das Abheben. Schneller als 15 Knoten (27 km/h) sollte der Wind beim Start nicht wehen, bei der Landung möglichst weniger als 10 Knoten, sonst kann sie zu unsanft geraten.

Die Heißluft im Ballon hat eine Temperatur von etwa 100 Grad C. Bei einer Lufttemperatur von 20 Grad C ist es

Starthilfe mit dem Motorflugzeug

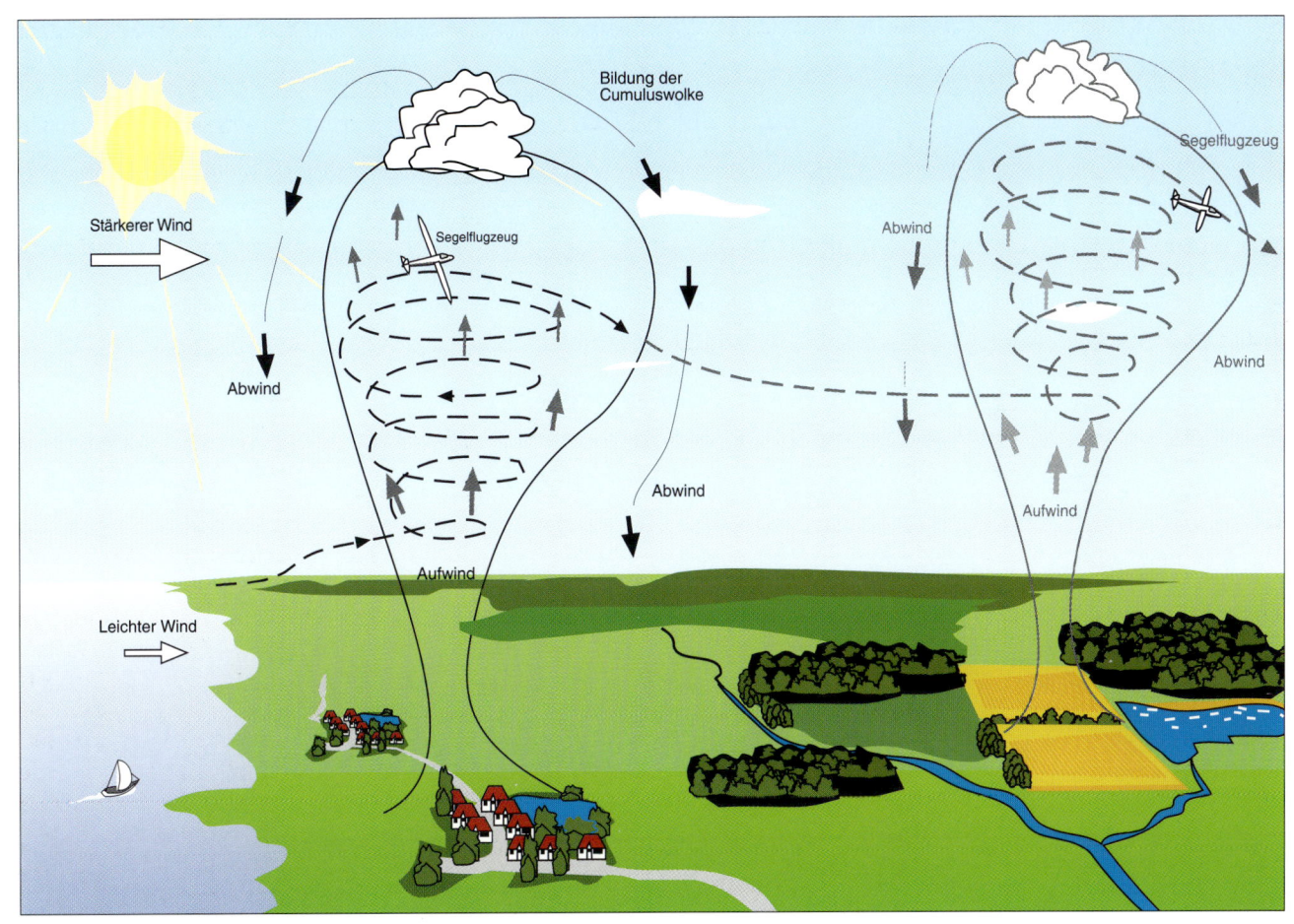

Segelflieger suchen die Aufwinde.

Über dem Nord-Ostsee-Kanal

Von der Luft getragen

Ballonfahrer nutzen die windschwache Zeit vor Sonnenuntergang.

also die Temperaturdifferenz von 80 Grad C, die den Ballon samt Korb mit Gasflasche und Insassen in die Höhe trägt. Da der Ballon so schnell fliegt, wie der Höhenwind weht, spüren ihn die Luftschiffer nicht. Sie empfinden Windstille. Steuern ist nicht möglich. Mit Hilfe moderner Satellitentechnik weiß der Pilot auf den Meter genau, wo er sich befindet. Über Funk gibt er der Bodenmannschaft Mitteilung, wohin der Wind ihn treibt.

Am schönsten ist der Flug in einer Höhe von 150–500 m. Über Neumünster etwa aufgestiegen, liegt ganz Schleswig-Holstein zu Füßen. Der Blick reicht von der Ostseeküste bis zur Nordseeküste. Man kann die Landschaft, den Wald, die Seen riechen, einfach alles unter einem intensiver wahrnehmen als mit irgendeinem anderen Fluggerät. Sonnenuntergang und Himmelsfarben lassen die Ballongäste in andächtiger Stille verharren, ein wenig schmunzelnd vielleicht, wenn der Pilot spricht:

> „Ehret den Herrn in der Höhe,
> er hat den Himmel soweit bestellt
> als schönsten Teil der großen Welt,
> auf das nicht jeder Lumpenhund,
> mit dem die Erde so reichlich gesegnet,
> uns fröhlichen Luftfahrern dort oben begegnet."

Längst bieten kommerzielle und konzessionierte Ballonfahrtunternehmen Ballonfahren für zahlende Gäste an. Gestartet wird von den Flugplätzen Grube, Lübeck, Neumünster, Kiel und Schachtholm. Aber auch die bunten Ballons, die als Werbeträger für Firmen und Unternehmen die Aufmerksamkeit auf sich lenken sollen, nehmen gerne den einen oder anderen Fluggast zur Deckung der Betriebskosten mit.

Die Thermik wird künstlich erzeugt.

Ballonstart – ein beeindruckendes Bild auch für die „Sehleute"

Wetterrekorde in Schleswig-Holstein

Das unterschiedliche und wechselnde Zusammenwirken der Wetterelemente in Schleswig-Holstein schlägt sich im jeweils aktuellen Wetter bzw. im langjährigen Durchschnitt des Klimas nieder. Die gesamte Spannweite der atmosphärischen Prozesse, die auf Schleswig-Holstein einwirken, äußert sich jedoch erst in den Extremwerten, die in jahrzehntelangen Messungen festgestellt und in der zuletzt im Jahre 1992 vom Wetteramt Schleswig aktualisierten Karte der Wetterrekorde in Schleswig-Holstein wiederzufinden sind.

Es lohnt gleich aus mehreren Gründen, sich in eine solche Karte hineinzuvertiefen. Zum einen macht es Spaß, die Rekorde in Schleswig-Holstein zu lokalisieren. Zum anderen können die Wetterdaten Erstaunen auslösen, sowohl hinsichtlich ihrer Größenordnung als auch durch die Feststellung, daß es in Schleswig-Holstein z.B. saharische oder sibirische Temperaturen geben kann. So beeindruckend die Werte auch sein mögen, sie werden von den extremen Wetter- und Klimadaten in Deutschland zum Teil und weltweit beträchtlich überboten; und so zeigt sich in der viel größeren Spannweite der Wetter- und Klimawerte außerhalb des Landes zwischen den Meeren noch einmal eindrucksvoll, daß die Schleswig-Holsteiner glücklich sein dürfen, in einer gemäßigten Klimazone zu leben. Vielleicht kann gerade der Vergleich bei manchen Schleswig-Holsteinern eine dankbare Akzeptanz des Schleswig-Holstein-Wetters auslösen, obwohl dieses natürlich trotzdem stets zu naß, zu kalt, zu warm, zu windig, zu trocken ist und überhaupt sich fast nie nach dem richtet, was von der persönlichen Erwartungshaltung her eigentlich als Wetter hätte eintreten sollen.

	Schleswig-Holstein	Deutschland	Welt
tiefster Luftdruck	958,7 hPa Helgoland	955,4 hPa Bremen	856 hPa Okinawa/Japan
höchster Luftdruck	1.055,9 hPa Husum	1.056,7 hPa Hamburg	1.083,8 hPa Agata/Rußland
größter Monatsniederschlag	344 mm Meldorf	647 mm Marktschellenbg.	3.900 mm Cherapunji/Indien
größter Jahresniederschlag	1.229 mm Hademarschen	2.895 mm Feldberg/Schw.	26.461 mm Cherapunji/Indien
kleinster Jahresniederschlag	319 mm Westermarkelsdorf Fehm.	keine Angaben	0,8 mm Arcia/Chile
tiefste Temperatur	-31 Grad C Hohn	-37,8 Grad C Hüll/Bayern	-91,5 Grad C Vostok/Antarktis
höchste Temperatur	38 Grad C Lübeck	40,3 Grad C Gärmersdorf/Obf.	58 Grad C El Azizia/Libyen
jährliche Sonnenscheinstunden	2.319 Std. Marienleuchte/Fehm.	2.329 Std. Klippeneck/ Schwäb. Alb	4.300 Std. Sahara
Windgeschwindigkeit	162 km/h List/Sylt	237,6 km/h Zugspitze	416 km/h Mt. Washington/ USA

Wetterrekorde im Vergleich

Höchste Windbö 162 km/h 45 m/s (03.01.1976) List/Sylt

Größte Niederschlagsmenge 60mm in 1 Stunde (20mm in 10 Minuten) 07.08.1989 Schleswig (Wetteramt)

Kleinste Monatsniederschlagsmenge 0,3 mm (Mai 1959) Hörnum

Längste monatliche Sonnenscheindauer 373,9 Std. (Mai 1959) Nieby

Schneedecke 16 cm (mit Verwehungen) 14.04.1966 Schleswig

Maximale Schneehöhe Verwehungen bis 5 Meter Mittel Schleswig 70 cm Winter 1978/79 Kreis Schleswig-Flensburg

Höchster Luftdruck 1055,9 hPa [792 mm Hg] (23.01.1907) Husum

Schneeregen-Schauer am 11.07.1986 Schleswig u. Föhrden

Längste jährliche Sonnenscheindauer 2319 Std. (1959) Marienleuchte

Kleinste Jahresniederschlagsmenge 319 mm (1959) Westermarkelsdorf

Größte Niederschlagsmenge in 7 Stunden 100 mm Klötzin (16.07.1973)

Wirbelsturm (Tornado) am 5. Mai 1973 ca. 17-18°° Uhr Zugbahn von Hademarschen nach Schönkirchen

Größte Jahresniederschlagsmenge 1229 mm (1954) Hademarschen

Tiefste Temperatur -31 °C (13.02.1940) Hohn

Geringste monatliche Sonnenscheindauer 2,5 Std. (Dez. 1985) St. Peter Ording

Niedrigstes Erdbodenminimum -35,7 °C (13.02.1940) Heide

Größte Niederschlagsmenge in 16 Std. 185 mm in Gnutz (23./24.07.89)

Größte Monatsniederschlagsmenge 344 (Juli 1931) Meldorf

Niedrigster Luftdruck 958,7 hPa [719 mm Hg] (13.11.1972) Helgoland

Kleinste Monatsniederschlagsmenge 0,3 mm (juli 1983) Neustadt/Holstein

Geringste jährliche Sonnenscheindauer 1245 Std. (1985) Quickborn

Frühester Frost am 01.09.1966 Brande

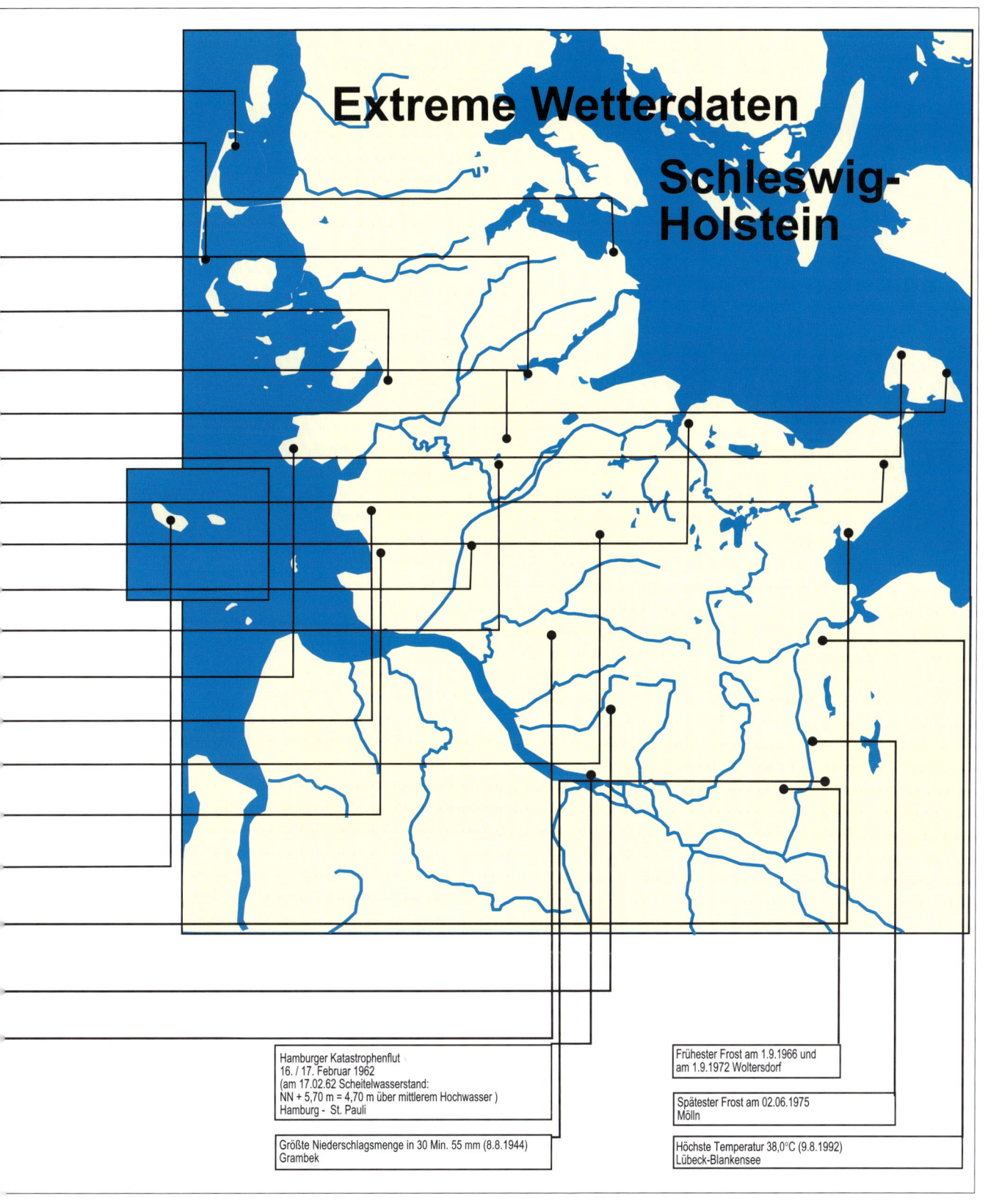

Extreme Wetterdaten Schleswig-Holstein

Hamburger Katastrophenflut
16. / 17. Februar 1962
(am 17.02.62 Scheitelwasserstand:
NN + 5,70 m = 4,70 m über mittlerem Hochwasser)
Hamburg - St. Pauli

Größte Niederschlagsmenge in 30 Min. 55 mm (8.8.1944)
Grambek

Frühester Frost am 1.9.1966 und am 1.9.1972 Woltersdorf

Spätester Frost am 02.06.1975
Mölln

Höchste Temperatur 38,0°C (9.8.1992)
Lübeck-Blankensee

Himmelsfarben über Schleswig-Holstein

Weiße Quellwolken, die wie duftige Wattebäusche am blauen Himmel schweben, dazu die Weite der Landschaft, das ist ein Bild von Schleswig-Holstein, wie Emil Nolde es liebte und immer wieder malte.

Nicht nur für Künstler bietet der Himmel über Schleswig-Holstein ästhetischen Anblick und Anregung zugleich. Die Faszinationskraft geht aus von den Himmelsfarben und den Formen der Wolken, von ihrer Bewegung und ihrer raschen Veränderlichkeit. Es ist immer etwas los am Himmel. Selbst der graue Himmel erscheint nicht eintönig und langweilig wie oft anderenorts, denn teils hellere, teils dunklere Schattierungen, mal mit drohend schwarzen Wolken, mal mit weißen Wolkenrändern gestalten auch den grauen Himmel aufgelockert und abwechslungsreich. Den Grund für die Vielfalt liefert der Wind mit seinen Luftmassen. Der Wind, weil er die Bewegung und den raschen Wechsel auslöst; die Luftmassen, weil sie mal wärmer, mal kälter, mal feuchter, mal trockener sind und sich die unterschiedlichen Zusammensetzungen der Luftmassen in Verbindung mit der wechselnden Thermik, Rauhigkeit, Reibung und Höhe der Landoberfläche in verschiedenen Farben und Wolkenformen am Himmel abbilden. Kurz – es handelt sich um physikalisch erklärbare Prozesse. Nur – wer will davon etwas wissen, wenn er am Deich liegt und den Zug der Wolken am blauen Himmel beobachtet, oder am Waldrand sitzend den Sonnenuntergang über einem holsteinischen See auf sich wirken läßt.

Die im Prisma oder im Wassertropfen sichtbar werdenden sechs Spektralfarben des weißen Sonnenlichtes haben ebenso wie die unsichtbare UF-, IF- oder Röntgenstrahlung ganz verschiedene Wellenlängen. Dabei wird das kurzwellige (blaue) Licht an den Molekülen der Luft stärker gestreut als die langwelligeren Grün-, Gelb- und Rottöne. So kommt es, daß uns der Himmel blau erscheint. Im Frühling und Herbst ist das Himmelsblau besonders intensiv. Großstädte in windarmen Regionen Deutschlands erleben allerdings nur ein sehr bleiches Blau, eine Folge jener Bestandteile, die durch menschliche Prozesse in die Atmosphäre gelangen.

In den Morgen- und Abendstunden jedoch, wenn die Sonne nur wenig über dem Horizont steht, ist der Weg der Strahlung durch die Lufthülle länger als bei dem mittäglichen steilen Einfallswinkel. Dann wird der gelbe bis rötliche Anteil des Sonnenlichtes stärker gestreut als der blaue. Hohe Luftfeuchtigkeit intensiviert noch die diffuse Streuung des langwelligen Rottones und sorgt für das glutrote Abend- oder Morgenrot.

Die Himmelsfarben haben schon unseren Vorfahren manches über das kommende Wetter verraten. Was für

Nolde-Himmel über Tielenhemme an der Eider

Himmelsfeuer: Leuchtende Farbenpracht der kurz nach Sonnenuntergang noch von unten beschienenen Wolken

sie nicht mehr als erfahrenes Wetter war, das in die sogenannten Bauernregeln Eingang fand, ist für uns längst physikalisch erklärbar.

„Abendrot – Schönwetterbot", so heißt es im Volksmund. Tatsächlich trifft diese Beobachtung mit 70 Prozent Wahrscheinlichkeit zu, wenn die am wolkenfreien Himmel im Westen untergehende Sonne Wolken bestrahlt, die östlich von ihr liegen. Da wir überwiegend Westwetter haben, handelt es sich demzufolge um abziehende Wolken, und das Abendrot kündigt schönes Wetter an. Umgekehrt ist das „Morgenrot – Schlechtwetterbot", da die im Osten noch über wolkenfreiem Himmel stehende Sonne eine von Westen nahende Wolkenschicht rotfärbt und deshalb eher die Tendenz für regnerisches Wetter angibt. So läßt sich dann auch leicht der Spruch erklären: „Abendrot und Morgenhell sind ein guter Reisegesell."

Sonnenuntergang über dem Burger Binnensee

Abendhimmel vor Westerland

Abendhimmel über Nordstrand

Sonntagskinder, so heißt es, finden am Ende des Regenbogens einen Topf mit Gold.

Farbenpracht und Formschönheit verleihen der Himmelserscheinung des Regenbogens seine besondere Faszinationskraft. Vielleicht auch deshalb, weil Sonntagskinder an seinen Enden bekanntlich Gold finden können. Steht die Sonne im Rücken des Beobachters und trifft mit flachem Einfallswinkel (morgens oder abends) auf Regentropfen, wird das weiße Sonnenlicht in den Tropfen gebrochen und in die Spektral- bzw. Regenbogenfarben Rot, Orange, Gelb, Grün, Blau und Violett zerlegt, wie es auch in einem Prisma geschieht. Die farbenprächtigsten Regenbögen entstehen durch Brechung in größeren Regentropfen. Wenn die Sonne sich nach einem Gewitter oder dem Durchzug einer Kaltfront wieder durchsetzt, ist die Wahrscheinlichkeit für das Erscheinen von Regenbögen in den abziehenden Schauerwolken am größten. Je dunkler der Himmel hinter dem Regenbogen erscheint, um so satter wirken Farben und Leuchtkraft dieses einzigartigen Naturphänomens. Auch beim Einsatz von Rasensprengern oder bei der Bewässerung von Feldern und Baumschulen sind häufig Regenbögen zu beobachten.

Vielfältiges Himmelsgrau nach dem Regen

Jahreszeiten in Schleswig-Holstein

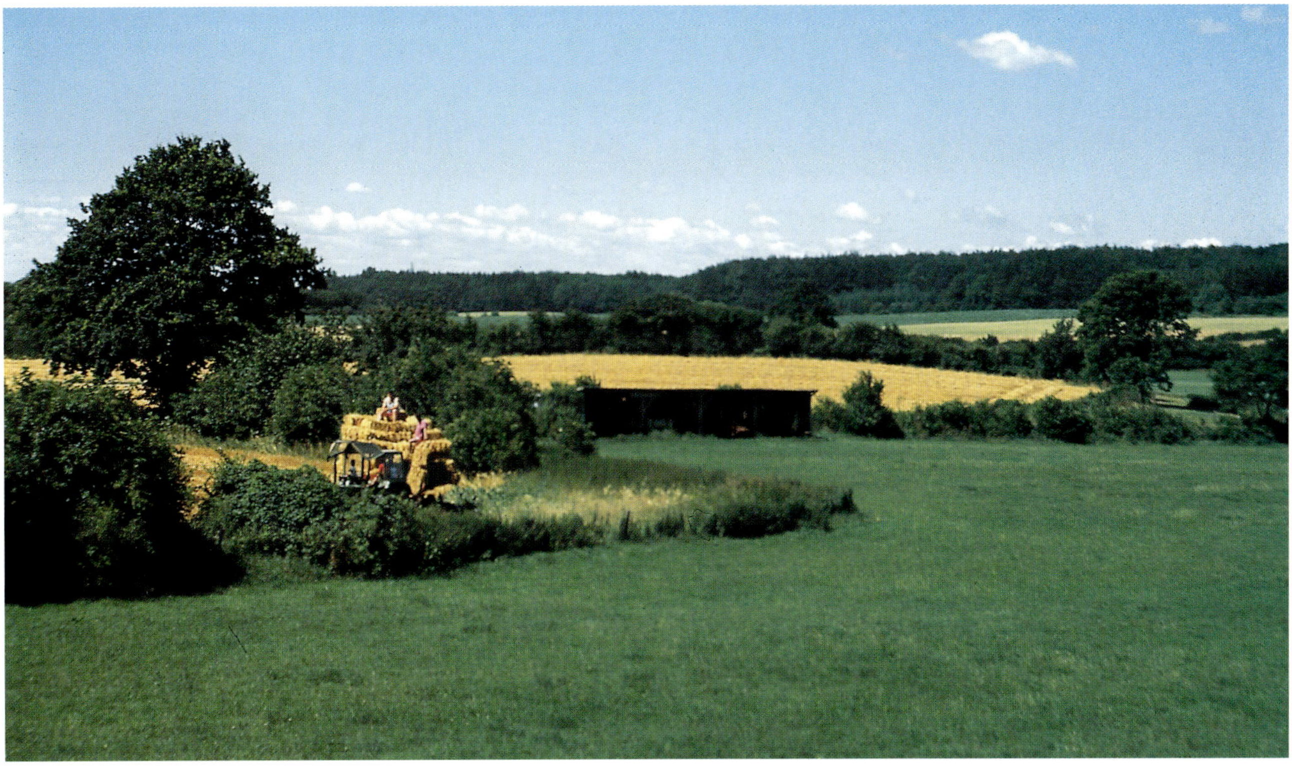

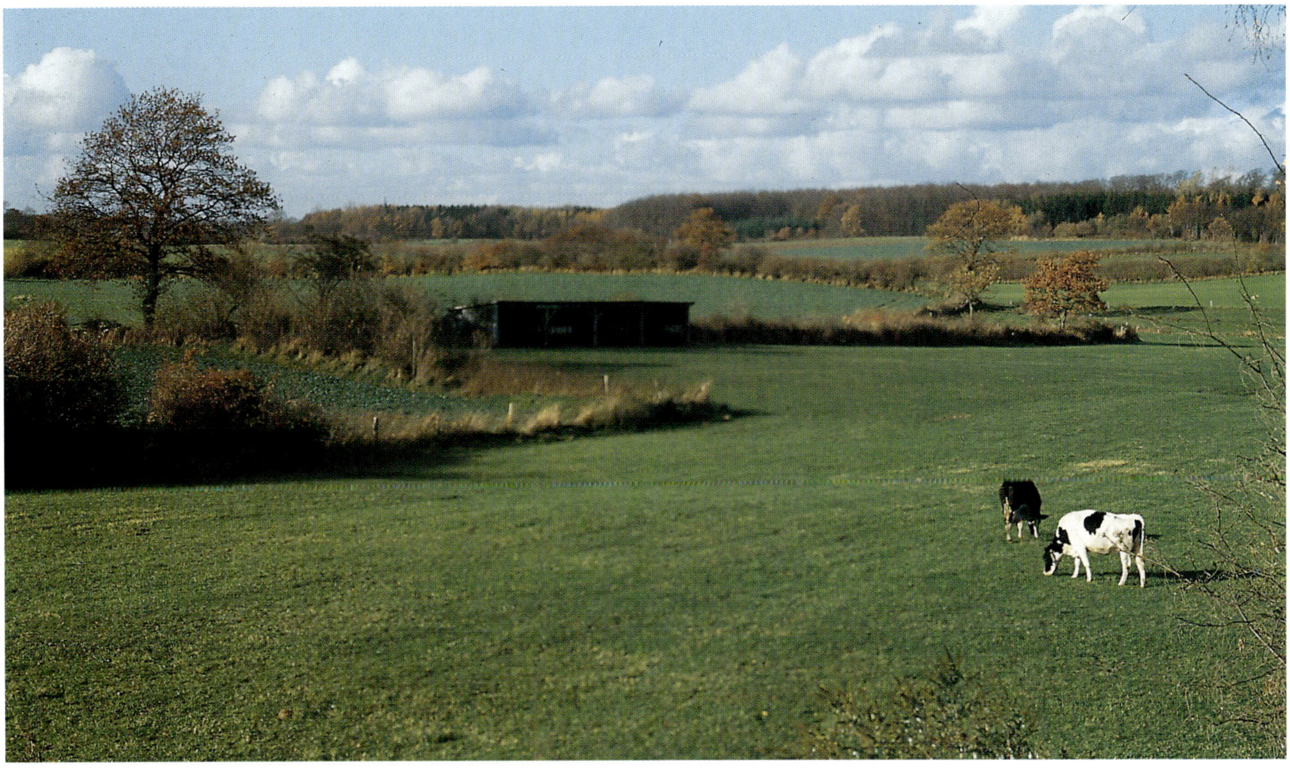

Der Winter

Astronomisch betrachtet fällt die Zeit des Winters zwischen die Winter-Sonnenwende und die Frühlings-Tagundnachtgleiche, das sind auf der Nordhalbkugel die 89 Tage vom 22. Dezember bis zum 20. März. Die Meteorologie faßt die Monate Dezember, Januar, Februar zum Winter zusammen. Im Januar haben die Temperaturen in Schleswig-Holstein ihr Minimum erreicht (Landesmittel plus 0,3 Grad C), nur die extrem ozeanisch geprägten Stationen Helgoland und List ermitteln ihren niedrigsten Monatsdurchschnitt erst im Februar. Selbst im Hochwinter liegen die Temperaturen zumeist über dem Nullpunkt (Kiel plus 0,7 Grad C). Einige wenige kontinental beeinflußte Stationen sinken knapp darunter (Mölln minus 0,2 Grad C). Am Winterende sind die Temperaturen auf etwa 3 Grad C angestiegen. Feuchte und relativ warme Luftmassen, die vom Atlantik nach Schleswig-Holstein geführt werden, sind die Hauptursache für die milden Winter mit der geringen Zahl von Frosttagen. Wenn unter schleswig-holsteinischen Tannenbäumen das amerikanische Weihnachtslied „White Christmas" erklingt, besingt es für die Schleswig-Holsteiner eher einen Wunschtraum, denn die Wirklichkeit. Gerade zwischen Weihnachten und Silvester bringt eine milde Südwestströmung zumeist das unbeliebte Weihnachtstauwetter. Die Wolkendecke reißt selten auf und verhindert eine stärkere Abkühlung des Landes. Die tägliche Sonnenscheindauer nähert sich der Einstundengrenze, unterschreitet sie jedoch nirgendwo. Dafür liegt die Zahl der Niederschlagstage hoch (zwischen 16 in Westermarkelsdorf/Fehmarn und 22 in Schleswig). Die Niederschlagsergiebigkeit ist im Winter hingegen eher gering und erreicht mit dem Februar als trockenstem Monat ihr Jahresminimum. Der Grund dafür findet sich in den niedrig temperierten Luftmassen, die eher zu Nieselregen sowie Nebelnässen neigen und Schmuddelwetter auslösen.

Mit Schneefall ist ab November zu rechnen, am häufigsten tritt er im Januar und März auf. Besonders im Spätwinter kann Schnee sehr ergiebig fallen und in Verbindung mit starken Winden zu Schneeverwehungen führen. Eher wahrscheinlich ist aber die dünne Schneedecke, die rasch wieder schmilzt. Vom Islandtief gesteuert, ziehen in rascher Folge Fronten über Schleswig-Holstein hinweg, die den Wechsel von milden und kalten Luftmassen verursachen. Der ständige Wechsel hat zur Folge, daß Schnee und Glatteis oft ebenso rasch gehen, wie sie gekommen sind, eine für den Straßenverkehr und für den Räumdienst schwierige Situation.

Der Winter ist die windreichste Jahreszeit. Im Dezember und Januar bläst es meist aus Südwest. Im Februar baut sich oft das nordrussische bzw. fennoskandische Hoch auf und breitet sich häufig bis nach Schleswig-Holstein aus. Dann sind Ostwinde vorherrschend. Sie können scharfe, aber trockene Winterkälte herbeibringen und in einzelnen Jahren lange Frostperioden auslösen. In seltenen Fällen friert dann die Ostsee zu. In extrem strengen Wintern können die Temperaturen auf minus 10 Grad C bis minus 15 Grad C sinken und behindern durch Eisschollenbildung sogar den Schiffsverkehr in den Nordseehäfen und auf der Elbe. Im besonders niederschlagsarmen Februar treten gelegentlich Kahlfröste auf, die den Wintersaaten Schaden zufügen.

Winter in den Hüttener Bergen

Eisbrecher auf der Elbe

Steilküste auf Fehmarn im Schneekleid

Winterruhe am Kolksee in der Holsteinischen Schweiz

Eisschollen auf der Scheiförde dienen den Möwen als Ruheplatz. Trotz bitterer Kälte bekommen sie keine kalten Füße. Eine sinnvolle Feinregulierung der Körpertemperatur läßt die Temperatur der Schwimmhäute nicht unter 0 Grad C sinken. So können Eis und Schnee nicht schmelzen, und der Wärmeabfluß aus dem Körperinneren bleibt gering.

Am 21. Februar jeden Jahres feiern die Nordfriesen mit dem Biikebrennen das Ende des Winters. Dann lodern die Flammen aus zusammengetragenem Buschwerk und Treibholz allerorten auf den Inseln und dem Festland. Was heute volksfestartig gefeiert wird, geht zurück auf einen heidnischen Feuerkult aus mythischer Vergangenheit.

Schnee schützt die Pflanzen der Felder und Wiesen vor Kahlfrösten.

Schafe am Elbdeich

Kahle Felder bieten dem Rehwild wenig Schutz.

Der Frühling

Astronomisch betrachtet ist der Frühling die Jahreszeit von der Frühlings- Tagundnachtgleiche bis zum Sonnenhöchststand, das sind auf der Nordhalbkugel die 92 Tage vom 21. März bis 20. Juni. Die Meteorologie faßt die Monate März, April und Mai zum Frühling zusammen.

Die Tage werden länger, die Sonne klettert höher, und es wird langsam wärmer. Das alles sind Anzeichen dafür, daß der von vielen Menschen ersehnte Wechsel vom Winter zum Frühling stattfindet. Wegen der im Winter stark abgekühlten angrenzenden Meere startet der Frühling im März allerdings mit niedrigen Temperaturen. Der Monatsdurchschnitt beträgt nur 3,1 Grad C. Die Schwankungsbreite liegt zwischen 3,7 Grad C im kontinental beeinflußten Lübeck und 2,4 Grad C in Westermarkelsdorf/Fehmarn. Auch der März wird – wie schon der Februar – von dem nordrussischen Hochdruckgebiet geprägt, das trockene Kälte nach Schleswig-Holstein trägt. Im April kommen die Temperaturen auf Fahrt und steigen im Landesdurchschnitt um 3,4 Grad auf 6,5 Grad C. Mit einem Sprung von fast 5 Grad auf 11,3 Grad C erweist sich die Monatsdifferenz zwischen Mai und Juni als höchste im ganzen Jahr. So verhalten der Frühling startet, so rasch klettern die Temperaturen im Spätfrühling. Die Küsten bleiben um 0,5 Grad bis 1 Grad C zurück.

Im Monatsvergleich haben April und Mai die meisten heiteren Tage. Die höchsten monatlichen Sonnenscheinstunden im Jahreslauf werden an der Westküste bereits im Mai erreicht. Insgesamt verdoppelt sich die Zahl der Sonnenscheinstunden von März bis Mai.

Die Zahl der Niederschlagstage liegt unter dem Jahresdurchschnitt, ebenso der Niederschlag selbst. Insgesamt ist der Frühling relativ trocken. Allerdings entstehen über dem Festland infolge stärkerer Erwärmung Quellwolken. Die heranströmende polare Luft bildet beim Zusammentreffen mit erwärmter Festlandsluft Fronten mit dem typischen Wechsel von Sonnenschein mit blauem Himmel und klarer Luft, Schauern, Kälte und Wärme, eben dem klassischen Aprilwetter, das den Kinderreim immer wieder eindrucksvoll bestätigt: „Der April, der April, der kann machen, was er will." Und die Bauernregeln beschreiben den launischen Monat so: „Aprilwetter und Kartenglück wechseln jeden Augenblick."

Die Dominanz der kühlen, trockenen Ostwinde ist in allen Frühlingsmonaten auffällig, besonders stark im Mai. Ferner erreichen die Nordostwinde sowohl im April als auch im Mai ihre maximale Häufigkeit. Die mitgeführte Polarluft ist rein und arm an Luftfeuchtigkeit, so daß die Sicht besonders weit reicht.

Schneefälle, die im März keineswegs selten sind und im April noch gelegentlich als kurzlebige Schauer fallen, sind im Mai kaum mehr zu erwarten. Bodenfrostgefahr besteht jedoch noch bis Mitte Mai, und die Nichtbeachtung der Eisheiligen hat schon manchem Hobbygärtner seine zu früh gepflanzten Sommerblumen gekostet. „Vor Nachtfrost bist du sicher nicht, bevor Sophie (15. Mai) vorüber ist." Wegen der möglichen Kälterückfälle findet die Schafschur auch erst nach den Eisheiligen statt.

Osterlämmer auf dem Deich

Schachbrettblume in der Haseldorfer Marsch

Frühlingswiese im Arboretum Ellerhoop

Kirche in Bosau

Der erste Schnitt

Die Störche sind zurückgekehrt.

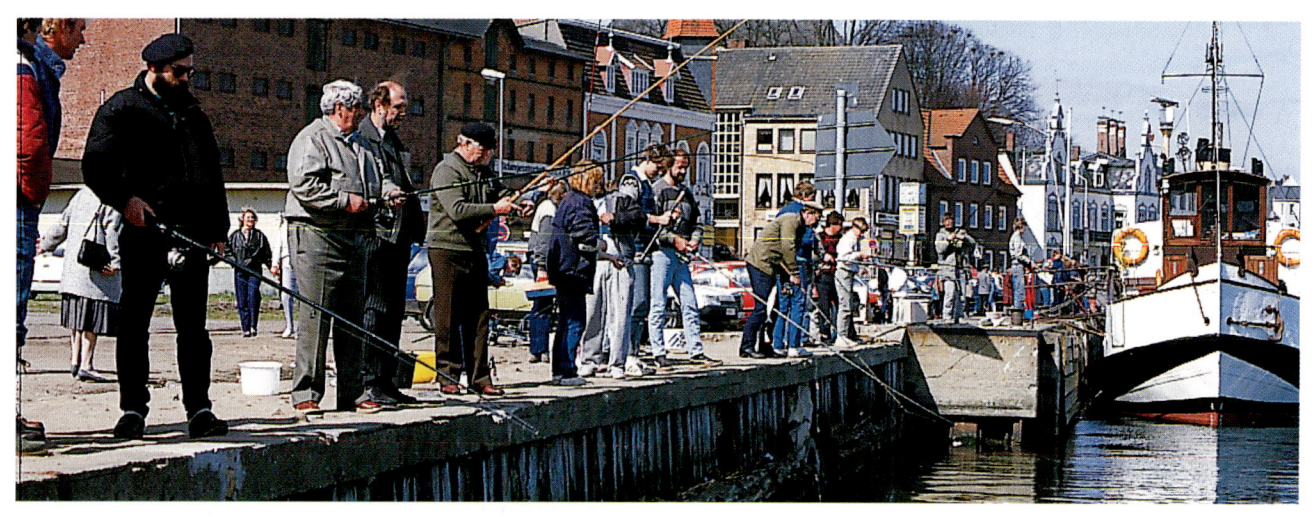

Für die im Frühjahr aufblühende Natur in Wald und Flur, auf Hügeln oder in renaturierten Kiesgruben haben die Angler vor Kappeln kaum ein Auge übrig.
Ihre Aufmerksamkeit gilt dem Hering, der im April und Mai zum Laichen in die Schlei wandert.
Der Erfolg der Petrijünger ist beachtlich.
Mitunter ziehen sie gleichzeitig bis zu drei Heringe an den glänzenden, köderlosen Haken aus dem Gewässer.
Erfolgreicher sind nur die Fischer, die noch immer den mittelalterlichen Heringszaun unterhalb der Schleibrücke nutzen.

Im Frühling schlagen die knubbligen Kopfweiden am Ufer des Vierer Sees kräftig aus. Das lichte Grün harmoniert vortrefflich mit dem Gelb des Löwenzahns und dem Blau des Wassers.

Zur Zeit der Krokusblüte ist der Husumer Schloßpark Anziehungspunkt Tausender von Gästen, die mit Pkw und Bussen weither anreisen, um das „Blütenwunder des Nordens" in der gar nicht so grauen Stadt Theodor Storms zu bestaunen.

Der Sommer

In der Astronomie erstreckt sich der Sommer vom Sonnenhöchststand bis zur Herbst-Tagundnachtgleiche, das sind auf der Nordhalbkugel die 94 Tage vom 21. Juni bis 22. September. Die Meteorologie faßt die Monate Juni, Juli und August zum Sommer zusammen.

Mäßige Temperaturen und im Jahresvergleich relativ hohe Niederschläge charakterisieren den Sommer Schleswig-Holsteins. Wärmster Monat im Landesmittel ist der Juli mit 16,2 Grad C. Nur an der Nordseeküste melden die meisten Meßorte erst im August den höchsten Monatsdurchschnittswert des Jahres.

Mit der zunehmenden Erwärmung des Festlandes steigen die bodennahen Luftmassen auf, und der Luftdruck sinkt. In das dadurch entstehende Tief fließen – großräumiger zwar, aber ähnlich der Seewindzirkulation – verstärkt maritime Luftmassen vor allem aus westlichen bis nordwestlichen Richtungen hinein. Die sommerlichen Winde sind allerdings die schwächsten während des ganzen Jahres. Diese monsunartige Strömung setzt etwa 6 Wochen nach der Temperaturumkehr zwischen Festland und Atlantik ein und beginnt etwa um den 10. Juni. Sie ist gekennzeichnet durch rasch aufeinanderfolgende Tiefs im Wechsel mit kurzlebigen Zwischenhochs. Der Umschwung umfaßt sowohl die Windrichtung – von Ost auf West bis Nordwest – als auch die Niederschläge, die in der Zahl der Niederschlagstage gegenüber dem Frühjahr gering, in der Menge des Niederschlags aber durchaus kräftig ansteigen. Im Juli wird in den Landesteilen südlich des Nord-Ostsee-Kanals das Maximum erreicht, das sich nur an der Westküste zum August hin verschiebt. Es wäre jedoch verkehrt, aus den Niederschlagsmaxima auf verregnete Sommertage zu schließen. Die Sommerregen fallen zumeist in ergiebigen Schauern, zum Teil in Gewittern. Wenige, aber kräftige Niederschläge wirken sich auf die Bilanz deutlicher aus als lange anhaltender Nieselregen, wie er in den Wintermonaten typisch ist. Hinzu kommt, daß die täglichen Niederschlagsmaxima in Küstennähe nachts fallen und in kontinentaleren Bereichen vorwiegend am späten Nachmittag bzw. gegen Abend so daß Tagesaktivitäten von den Niederschlägen unter Umständen kaum beeinträchtigt werden.

Während die subpolare Maritimluft, die der Sommermonsun nach Schleswig-Holstein lenkt, das wechselhafte, feucht-kühle Wetter bringt, sind es der Keil des Azorenhochs oder das Skandinavienhoch, die für beständige, mal längere, mal kürzere Schönwetterperioden verantwortlich zeichnen und die Tiefs von Schleswig-Holstein fernhalten können.

In die Sommerzeit fällt der Siebenschläfertag (27.6.). In den Bauernregeln heißt es: „Regnet es am Siebenschläfertag, es noch 7 Wochen regnen mag". Die Statistik weist nach, daß diese Regel für Schleswig-Holstein keine Aussagekraft besitzt. Es ist im übrigen interessant zu wissen, daß sich dieser Lostag, an dem sich unser Sommer entscheiden soll, seit der Gregorianischen Kalenderreform von 1582 um 10 Kalendertage auf den 7. Juli verschoben hat. Dennoch ist – in erster Linie wohl aus Unkenntnis – der Glaube an die Leitfunktion des Siebenschläfertages ungeschmälert geblieben.

Getreidefeld vor Hügelgrab in Grabau

Sonnenblume – Symbol des Sommers

Die neue Landschaftsfarbe im Sommer: Phacelia-Lila in Angeln

Monetsche Farbenpracht auf einem Feld in Ostholstein

Kutschfahrt durchs Watt zur Hallig Südfall

Regattafeld

Katamarane am Plöner See

Kutterregatta in Büsum

Sommer, Sonne, Ostseestrand – Urlaub für die einen

Sommer, Sonne, Ernteeinsatz – Arbeit für die anderen

Der Herbst

Die Astronomie bezeichnet als Herbst die Zeit von der Herbst-Tagundnachtgleiche bis zur Winter-Sonnenwende, das sind auf der Nordhalbkugel die 90 Tage vom 23. September bis 21. Dezember. Die Meteorologie faßt die Monate September, Oktober und November zum Herbst zusammen.

Die Tage werden kürzer, die Sonnenhöhe sinkt, und die Einstrahlung nimmt weiter ab. Anfang September klingt der europäische Sommermonsun allmählich ab. Parallel dazu nimmt die Bewölkung ab, so daß noch hohe Strahlungswerte erreicht werden. Die Zahl der Niederschlagstage bleibt gegenüber Juli und August annähernd stabil. Die Niederschlagsmengen sinken dagegen im Lauenburgischen und in Ostholstein etwas ab, während sie in den nördlichen Landesteilen zunehmen. Im November schließlich fallen im ganzen Land mehr Niederschläge als in den beiden anderen Herbstmonaten, nördlich des Nord-Ostsee-Kanals sogar mehr als in irgendeinem anderen Monat des Jahres.

Die Monatsmitteltemperaturen sinken von 13,2 Grad C im September über 9,5 Grad im Oktober auf 5,1 Grad C im November. Allerdings schreitet die Abkühlung von Land und Meer ungleichmäßig voran. Die küstennahen Standorte profitieren noch vom Energievorrat des Meeres. Im Oktober setzen die auffällige Laubverfärbung und der Laubfall ein und deuten darauf hin, daß die Vegetationsperiode dem Ende zugeht und sich die Natur auf die Zeit der Winterruhe vorbereitet. Hackfruchternte und Feldbestellungsarbeiten werden abgeschlossen.

Die großräumigen Luftdruckunterschiede sind im September sehr gering, so daß die Windgeschwindigkeiten mäßig bleiben. Mitte September setzt oft der Altweibersommer mit einer windschwachen, warmen und sonnigen Witterung ein, die bis in den Oktober hineinreichen kann.

Auffällig in der Natur sind in dieser Zeit die vielen Spinnennetze, und eine Bauernregel äußert sich dazu treffend: „Wenn die Spinnen wehen im Freien, kann man sich lange schönen Wetters freuen." Während es tagsüber noch sehr warm sein kann, wird es nachts – jedenfalls bei fehlender Wolkendecke – bereits empfindlich kalt. Morgennebel, die verbreitet in den langen strahlungsreichen Nächten entstehen, lösen sich jedoch in der steigenden Vormittagssonne zumeist rasch auf. Im Oktober treten erste Bodenfröste auf, gegen Ende des Monats auch erste Nachtfröste. In Nordseenähe ist die Wärmeabgabe durch das Meer so groß, daß erste Fröste hier sehr viel später als im Binnenland zu erwarten sind, in Nordfriesland z.B. erst gegen Ende November.

In allen drei Herbstmonaten dominieren die Südwest- und Westwinde, die im November auch besonders hohe mittlere Geschwindigkeiten entwickeln und in rascher Folge Tiefs mit ozeanisch geprägten Luftmassen über Schleswig-Holstein hinwegführen. Das ist die Zeit der Herbststürme mit Windstärken ab 8 Beaufort bzw. 20 m/s, die allerdings eine weitere Steigerung zur maximalen Jahreshäufigkeit erst im Dezember erfahren.

Kohlernte in Dithmarschen

Möwenbegleitung für den pflügenden Landwirt

Der Herbst – bei einigen Arten bereits der Spätsommer – ist wie das Frühjahr die Zeit der ziehenden Vogelschwärme. Störche, Schwalben, Stare, Gänse und viele andere wandern zwischen ihren Sommer- und Winterplätzen hin und her. Das Urbild des Vogelzuges liefern die über Schleswig-Holstein dahinziehenden Keilformationen der Gänse.

Der Frühherbst wartet mit dem sonnigen und windarmen Altweibersommer auf. Gräser und Sträucher hängen voller Spinnennetze. Die hauchdünnen Fäden sind kaum zu erkennen; aber sobald die nächtliche Feuchtigkeit an ihnen kondensiert und die Sonne die betauten Fäden zum Glitzern bringt, fällt die Netzstruktur der fleißigen Baumeister unübersehbar ins Auge.

Der erste Herbststurm am Deich von Dagebüll

Hubertusjagd im Sachsenwald

Kinderfreuden im Herbst

Herbstsonne am Kolksee

Herbststimmung in einer Plöner Allee.

Die 5. Jahreszeit

So überraschend dieser Titel klingen mag, er ist es eigentlich nicht. Wir haben uns daran gewöhnt, unser Jahr in vier Jahreszeiten einzuteilen. Es sei aber daran erinnert, daß es z.B. in Teilen der Tropen nur zwei Jahreszeiten gibt, genannt Regenzeit und Trockenzeit. Oder in Indien: Feucht, kühl und heiß sind die Merkmale der drei Jahreszeiten dort. Zwei, drei oder vier Jahreszeiten – warum soll es dann nicht sogar fünf geben?

Nun sind es ja aber vor allem die Entwicklungen im Temperaturverlauf und die Veränderungen im Vegetations- und Landschaftsbild, die in unseren Breiten die uns geläufigen vier Jahreszeiten darstellen. Woher die fünfte nehmen? Andernorts scheint das Problem leichter lösbar. Im Rheinland z.B. gilt der Karneval als die fünfte Jahreszeit, und in München wird mit dem Anstich des ersten Starkbierfasses die Eröffnung der fünften Jahreszeit – der Starkbierzeit – zünftig gefeiert.

Wohinter verbirgt sich die fünfte Jahreszeit in Schleswig-Holstein? Astronomen und Meteorologen bieten keine Hilfe. Die Ratlosigkeit schwindet jedoch schnell, wenn man einen Fehmaraner nach der fünften Jahreszeit fragt: „Das ist auf Fehmarn die Zeit der Rapsblüte. Wohl noch nie was vom Rapsblütenfest gehört, oder?" Die Antwort wird sicherlich von verständnislosem Kopfschütteln begleitet.

Da ist sie also – die fünfte Jahreszeit; und sie beschränkt sich nicht nur auf Fehmarn, sondern überzieht von Mitte Mai bis Mitte Juni mit ihrer leuchtend gelben Farbe ganz Schleswig-Holstein, jedenfalls dort, wo die Qualität der Böden den Anbau der Ölpflanze gestattet: auf den Jungmoränenböden in Angeln, Schwansen dem Dänischen Wohld, in Ost- und Südholstein, in den Marschen.

Überall wächst Raps, breitet sich ein gelbes Blütenmeer aus. Es ziert Leuchttürme, Mühlen, Katen. Die Farbenpracht, der süße Duft der Blüten und das Summen der fleißig den Nektar sammelnden Bienen betört die Sinne, läßt die Landschaft zu einem berauschenden Erlebnis werden.

Als ölhaltige Frucht ist der Raps nach dem 2. Weltkrieg zusehends in Konkurrenz zur mediterranen Olive getreten. Raps ermöglicht die flächige, maschinelle Bearbeitung, z.B. die Ernte mit dem Mähdrescher. Und er speichert Sonnenenergie, die seine Verwendung nicht nur als Speiseöl erlaubt, sondern auch als Dieselersatz, sozusagen als Kraftstoff der Natur. In Schleswig-Holstein hat die landwirtschaftliche Raiffeisen-Genossenschaft ein Tankstellennetz aufgebaut, in dem der Bio-Diesel verkauft wird. In allen gängigen Dieselmotoren kann er Verwendung finden.

Doch zurück nach Fehmarn. Auf der Ostseeinsel wird besonders viel Raps angebaut. Dort findet Ende Mai das Rapsblütenfest statt. Höhepunkt sind Wahl und Inthronisierung der Rapsblütenkönigin auf dem Dorfteich in Petersdorf. Das dreitägige Fest lockt mit Inthronisierungszeremonie, Festball sowie Festumzug mit Vereinen und Musikzügen tausende Besucher und Feriengäste an.

Rapskönigin auf Fehmarn

Reiter im Raps

Windrad auf Fehmarn

Windmühle in Farve

Hünengrab bei Karlsminde

Nord-Ostsee-Kanal bei Rade

Die phänologischen Jahreszeiten

Phänologie – ein geheimnisvoll klingender Name, hinter dem sich die Lehre von der Entwicklung der Vegetation in Abhängigkeit vom Wetter- bzw. Witterungsablauf verbirgt, wie also Klimaelemente auf das Pflanzenwachstum einwirken. Dieser Wissenszweig der Klimatologie kennt nicht nur vier Jahreszeiten, sondern sogar zehn. Die üblichen vier Jahreszeiten werden mit Ausnahme des Winters noch einmal in jeweils drei Jahreszeiten unterteilt: z.B. Frühsommer, Hochsommer, Spätsommer. Die Phänologie befaßt sich mit den im Jahresablauf periodisch wiederkehrenden Wachstums- und Entwicklungserscheinungen der Pflanzen und stellt die Eintrittszeiten charakteristischer Vegetationsstadien fest. Beobachtet werden Wildpflanzen, Forst- und Ziergehölze, landwirtschaftliche Kulturpflanzen sowie Obst und Wein. Der mittlere Beginn und die Dauer der zehn phänologischen Jahreszeiten wird in einer phänologischen Uhr dargestellt. Ähnlich wie bei den Wetterelementen bildet auch hier eine jahrzehntelange Beobachtung eine verläßliche Basis. Mit Hilfe solcher Uhren können Abweichungen der phänologischen Phasen vom langjährigen Durchschnitt ermittelt werden. Ferner läßt sich die Andauer der gesamten Vegetationsperiode oder artenspezifischer Vegetationszeiten feststellen. Darüber hinaus sind Aussagen über die zeitgerechte Bekämpfung von Pflanzenschädlingen, über die optimale Feldberegnung und über die Planung des Einsatzes von Feldarbeit und Erntemaschinen möglich. Der Vergleich mehrerer phänologischer Uhren unterschiedlicher Orte ergibt voneinander abweichende phänologische Jahreszeiten, die mit Hilfe der Auswertung örtlicher Klimadaten zu erklären sind.

Die phänologischen Daten für die Orte bzw. Naturräume in Schleswig-Holstein weisen nach, daß der Beginn des Frühsommers in den Räumen Mölln, Heide – Itzehoe und Schleswig – Flensburg annähernd gleich liegt, sich im Beginn des Vorfrühlings Unterschiede von ca. 6–7 Tagen zeigen und im kontinentaleren Mölln Frühherbst und Winter ein paar Tage vor den Vergleichsräumen einsetzen. Phänologische Unterschiede wirken sich auch auf den Viehauftrieb aus, der im Norden später erfolgt als im Süden, oder auf Kornreife bzw. Kornernte, die allmählich von Süd nach Nord voranschreitet.

Feiner ausdifferenziert als es die astronomischen und meteorologischen Jahreszeiten vermögen, spiegeln die zehn phänologischen Jahreszeiten auf der Basis der jahreszeitlich gebundenen Entwicklungsvorgänge bei den Pflanzen – Blattentfaltung, Aufblühen, Vollblüte, Fruchtreife, Laubverfärbung – die Wirkung der meteorologischen Elemente auf Natur und Landschaft wider.

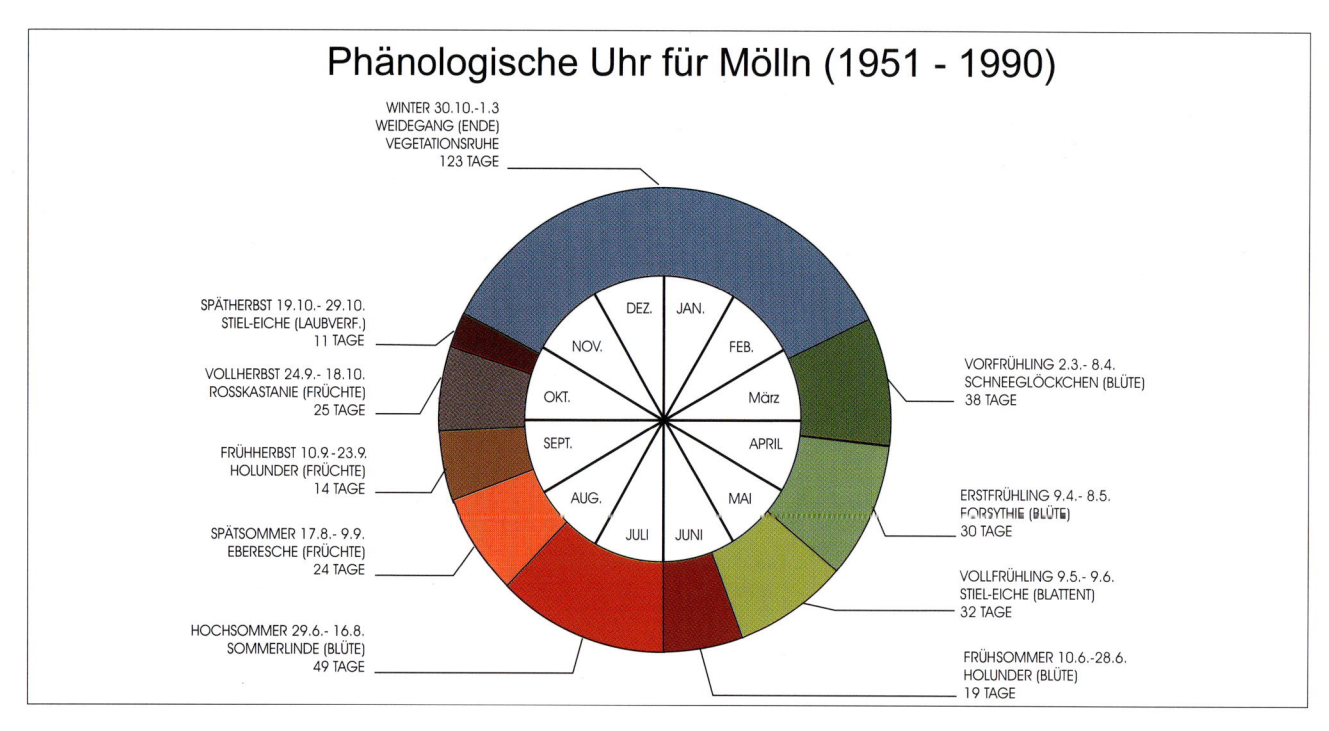

Phänologische Uhr für Mölln (1951 - 1990)

WINTER 30.10.-1.3
WEIDEGANG (ENDE)
VEGETATIONSRUHE
123 TAGE

SPÄTHERBST 19.10.- 29.10.
STIEL-EICHE (LAUBVERF.)
11 TAGE

VOLLHERBST 24.9.- 18.10.
ROSSKASTANIE (FRÜCHTE)
25 TAGE

FRÜHHERBST 10.9.- 23.9.
HOLUNDER (FRÜCHTE)
14 TAGE

SPÄTSOMMER 17.8.- 9.9.
EBERESCHE (FRÜCHTE)
24 TAGE

HOCHSOMMER 29.6.- 16.8.
SOMMERLINDE (BLÜTE)
49 TAGE

VORFRÜHLING 2.3.- 8.4.
SCHNEEGLÖCKCHEN (BLÜTE)
38 TAGE

ERSTFRÜHLING 9.4.- 8.5.
FORSYTHIE (BLÜTE)
30 TAGE

VOLLFRÜHLING 9.5.- 9.6.
STIEL-EICHE (BLATTENT)
32 TAGE

FRÜHSOMMER 10.6.-28.6.
HOLUNDER (BLÜTE)
19 TAGE

Phänologische Uhr für den Naturraum Heide-Itzehoer Geest

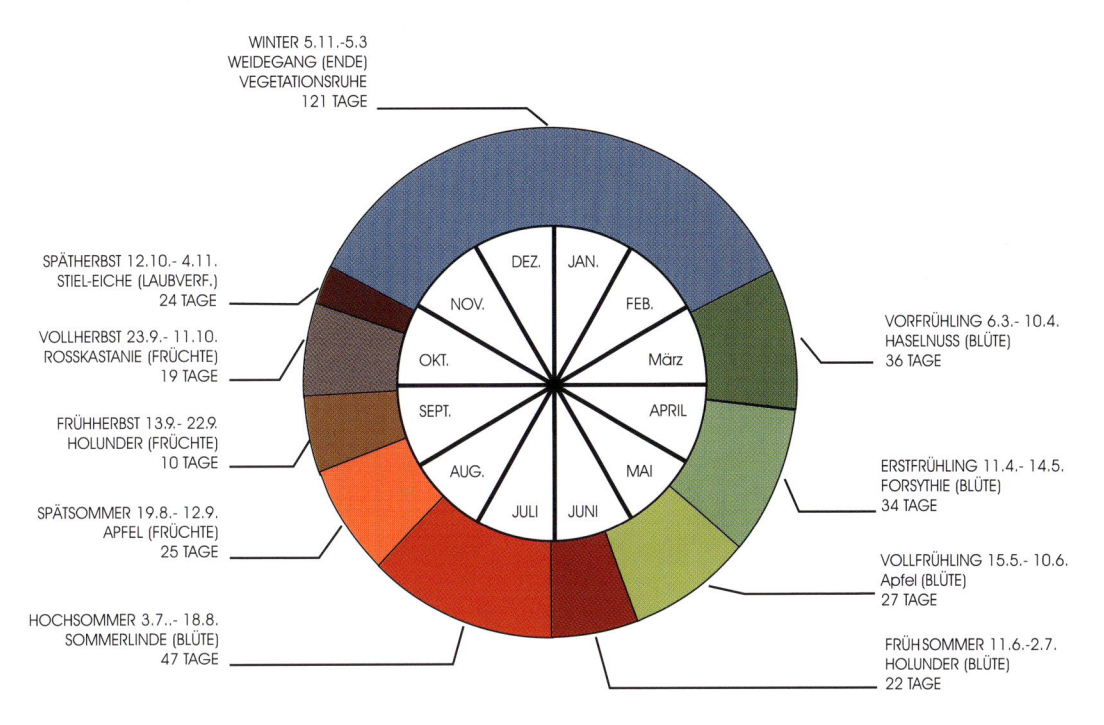

- WINTER 5.11.-5.3 / WEIDEGANG (ENDE) / VEGETATIONSRUHE / 121 TAGE
- SPÄTHERBST 12.10.- 4.11. / STIEL-EICHE (LAUBVERF.) / 24 TAGE
- VOLLHERBST 23.9.- 11.10. / ROSSKASTANIE (FRÜCHTE) / 19 TAGE
- FRÜHHERBST 13.9.- 22.9. / HOLUNDER (FRÜCHTE) / 10 TAGE
- SPÄTSOMMER 19.8.- 12.9. / APFEL (FRÜCHTE) / 25 TAGE
- HOCHSOMMER 3.7..- 18.8. / SOMMERLINDE (BLÜTE) / 47 TAGE
- VORFRÜHLING 6.3.- 10.4. / HASELNUSS (BLÜTE) / 36 TAGE
- ERSTFRÜHLING 11.4.- 14.5. / FORSYTHIE (BLÜTE) / 34 TAGE
- VOLLFRÜHLING 15.5.- 10.6. / Apfel (BLÜTE) / 27 TAGE
- FRÜHSOMMER 11.6.-2.7. / HOLUNDER (BLÜTE) / 22 TAGE

Phänologische Uhr für den Raum Schleswig-Flensburg

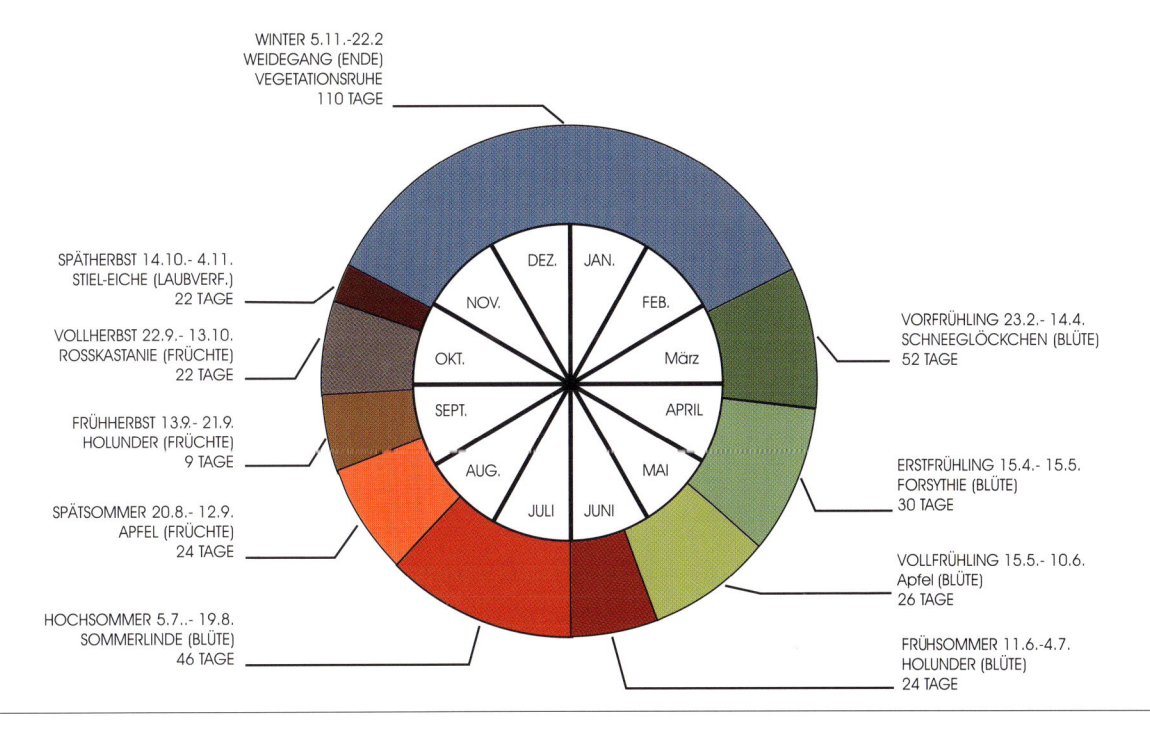

- WINTER 5.11.-22.2 / WEIDEGANG (ENDE) / VEGETATIONSRUHE / 110 TAGE
- SPÄTHERBST 14.10.- 4.11. / STIEL-EICHE (LAUBVERF.) / 22 TAGE
- VOLLHERBST 22.9.- 13.10. / ROSSKASTANIE (FRÜCHTE) / 22 TAGE
- FRÜHHERBST 13.9.- 21.9. / HOLUNDER (FRÜCHTE) / 9 TAGE
- SPÄTSOMMER 20.8.- 12.9. / APFEL (FRÜCHTE) / 24 TAGE
- HOCHSOMMER 5.7.- 19.8. / SOMMERLINDE (BLÜTE) / 46 TAGE
- VORFRÜHLING 23.2.- 14.4. / SCHNEEGLÖCKCHEN (BLÜTE) / 52 TAGE
- ERSTFRÜHLING 15.4.- 15.5. / FORSYTHIE (BLÜTE) / 30 TAGE
- VOLLFRÜHLING 15.5.- 10.6. / Apfel (BLÜTE) / 26 TAGE
- FRÜHSOMMER 11.6.-4.7. / HOLUNDER (BLÜTE) / 24 TAGE

Blick in die Zukunft

Globale Trends

Steuern wir weltweit auf eine Klimakatastrophe zu? Wie bedrohlich ist die Lage? Der amerikanische Klimaforscher J. White sagt: „Gäbe es eine Bedienungsanleitung für die Erde, dann würde das Kapitel über das Klima sicher mit dem Hinweis beginnen: „Achtung! Dieses System ist schon in der Herstellerfirma auf optimalen Komfort eingerichtet worden. Verstellen Sie auf keinen Fall die Knöpfe!"

Genau daran aber dreht die Menschheit seit über 100 Jahren und stört vor allem mit jährlich 22 Milliarden Tonnen CO_2, das in erster Linie die Industrienationen emittieren, das empfindliche Gleichgewicht in der Atmosphäre. Was passiert dabei? Die Sonnenstrahlung ist der entscheidende Motor für das Klimageschehen. Aber die Atmosphäre wirkt kräftig mit, indem sie aus dem Strahlungsspektrum der Sonne nur einen Teil zur Erdoberfläche durchläßt, wo – wiederum nur ein Teil – in Wärmestrahlung umgewandelt wird und in den Raum zurückgeworfen würde, wären da nicht H_2O, CO_2, Methan, Ozon usw., die wie das Glasdach eines Treibhauses wirken (Sonnenstrahlen werden durchgelassen, Wärmestrahlen zum Erdboden reflektiert) und die Wärme teilweise in der unteren Troposphäre zurückhalten. Dieser natürliche Treibhauseffekt erwärmt die Erdatmosphäre um ca. 33 Grad C. Ohne ihn betrüge die Durchschnittstemperatur auf der Erde nicht sympathische 15 Grad C, sondern sibirische minus 18 Grad C.

Was uns heute Sorgen macht, ist der künstliche Treibhauseffekt. Seit der Industriellen Revolution heizen uns Umweltverschmutzungen ein, lassen die Temperaturen der Erde wie eine Fieberkurve steigen. Die stetige Zunahme von Kohlendioxid, Stickoxiden, Methan und anderen Gasen stört das Gleichgewicht von Sonnenstrahlung und Wärmeabstrahlung. Es wird weniger Wärme in den Weltraum zurückgestrahlt und so der natürliche Treibhauseffekt künstlich verstärkt. Das größte Problem stellt das CO_2 dar. Es ist das Treibhausgas Nr. 1. Zwar enthält die Luft nur 0.035 Prozent davon, aber in den letzten 100 Jahren ist sein Anteil im Gasgemisch der Luft von 0,028 Prozent um ein Viertel gestiegen, Tendenz zunehmend. Messungen auf dem Mauna Loa (Hawaii) und auf dem Schauinsland (Schwarzwald) bestätigen dies.

CO_2 ist zu gut 50 Prozent am künstlichen Treibhauseffekt beteiligt, gefolgt von Methan mit 19 Prozent, FCKW mit 17 Prozent, Ozon mit 8 Prozent.

Die Folge ist in erster Linie ein globaler Temperaturanstieg, der sich bereits nachweisen läßt. Seit 1880 ist die Durchschnittstemperatur auf der Erde um fast 1 Grad C gestiegen, von 14 Grad auf 15 Grad C. Für 1994 hat das amerikanische Worldwatch-Institut sogar 15,32 Grad C errechnet. Bei einer erwarteten Verdoppelung der künstlich zugeführten Treibhausgase in der Atmosphäre wird ein Temperaturanstieg um 1,5 bis 4,5 Grad C für die nächsten 50 bis 100 Jahre prognostiziert. Erdgeschichtlich betrachtet ist die Schwankungsbreite der Temperatur nicht neu. Der Wechsel von Warm- und Kaltzeiten belegt dies. Neu ist der Anstieg in der Kürze der Zeit und nicht wie früher in 10.000 Jahren.

In den Alpen haben die Gletscher seit dem vergangenen Jahrhundert die Hälfte ihrer Eismassen verloren. Den Sommerskigebieten schmilzt die Geschäftsgrundlage weg. Das Wegtauen polaren Eises und die Ausdehnung des Wassers der wärmer gewordenen Meere läßt den Meeresspiegel vermutlich um 70 bis 170 cm steigen. Ein denkbarer Ausbruch des Schelfeises in der Westantarktis höbe das Weltmeer sogar um 5 bis 6 m an. Die Erhöhung um 1 m reicht bereits aus, um flache Koralleninseln im Ozean verschwinden zu lassen.

Die Zahl der Extremwetterlagen wird steigen: Tropentage in den mittleren Breiten, Dürren, Überschwemmungen, Stürme. Letztere werden nicht nur häufiger, sondern auch verheerender in den Auswirkungen. Wie sich die Luft- und Meeresströmungen verändern werden, ist überhaupt nicht vorhersehbar. Denkbar ist sogar die Abkühlung einzelner Regionen, z.B. wenn der Golfstrom sich verlagert.

Von globaler Bedeutung ist die Verschiebung der Klimazonen um 300 bis 600 km polwärts. Davon wird die Vegetation betroffen sein. Umweltflüchtlinge in großer Zahl werden die verbleibenden Gunsträume aufsuchen. Mittelmeertemperaturen in Schleswig-Holstein, angenehmeres Klima in Skandinavien sind angesichts der zu erwartenden globalen Völkerwanderung nur scheinbare Vorteile.

Regionale Trends

Die Frage stellt sich: Gibt es über die globalen Veränderungen hinaus konkrete Anzeichen für einen Klimawandel in Schleswig-Holstein? Meteorologen und Wissenschaftler halten sich da bedeckt und äußern sich am liebsten konjunktivisch. Das ist verständlich, denn die Variabilität des Klimas ist beachtlich. Die Schwankungsbreite oberhalb und unterhalb der langjährigen Durchschnittswerte ist einfach zu groß. Dennoch gibt es Anzeichen, die man mindestens nachdenklich registrieren und andere, die man durchaus schon ernstnehmen muß.
Fakten sind:
1. Die Temperaturen sind von 8.0 Grad C (1931–60) über 8,1 Grad C (1951–80) auf 8,2 Grad C (1961–90) gestiegen. Damit liegt die Temperaturentwicklung in Schleswig-Holstein im globalen Trend. Parallel dazu beobachtet die Phänologie einen Trend zum früheren Frühling (etwa 2 Wochen früher).
2. Die Niederschläge sind von 720 mm (1891–1930) auf 779 mm (1961–90) angestiegen. Auch hier stimmt der globale Trend, nach dem auf den Nordkontinenten die Niederschläge zwischen 5 und 35 Grad nördlicher Breite abnehmen, zwischen 35 und 70 Grad nördlicher Breite jedoch zunehmen. Schleswig-Holstein erstreckt sich zwischen 53,4 und 55 Grad nördlicher Breite.
3. Die Sturmtiefs nehmen an Stärke und Zahl zu. Untersuchungen des Seewetteramtes Hamburg haben ergeben, daß die Zahl der Zyklonen mit einem Kerndruck von 950 hPa und weniger signifikant zugenommen haben. In den 32 Jahren von 1956/57 bis 1987/88 betrug die durchschnittliche Sturmhäufigkeit 4,4 Stürme pro Winterhalbjahr. In den 6 Jahren von 1988/89 bis 1993/94 hat sich die durchschnittliche Sturmhäufigkeit auf 13 erhöht und damit verdreifacht. Im Maximum wurden 17 Stürme gezählt. Fakt ist: Die Zunahme der Windgeschwindigkeiten und die wachsende Zahl der Stürme entsprechen den Erwartungen der Klimaforscher.
4. Mit dem Anstieg der Temperatur ist ein Schmelzen der polaren Eismassen sowie der Gebirgsgletscher verbunden. Hieraus resultiert ein Anstieg des Meeresspiegels, der heute global auf 20 bis 25 cm in den letzten 100 Jahren angesetzt wird. Messungen des Amtes für Land- und Wasserwirtschaft haben z.B. für den Pegel in Husum einen Anstieg des mittleren Tidehochwassers von 1900–1990 um 40 cm festgestellt, wovon allerdings ein Teil auf hausgemachte Eindeichungen zurückzuführen sein wird. Würden alle Eismassen dieser Welt schmelzen – sie werden auf 30 Millionen km³ geschätzt – stiege der Meeresspiegel um etwa 75 m an. Was langfristig betrachtet ein keineswegs nur theoretisch vorstellbarer Anstieg des Meeresspiegels um 5 bis 10 m für Schleswig-Holstein bedeuten würde, zeigt die kartographische Darstellung am Ende des Buches „Die Enstehung Schleswig-Holsteins".

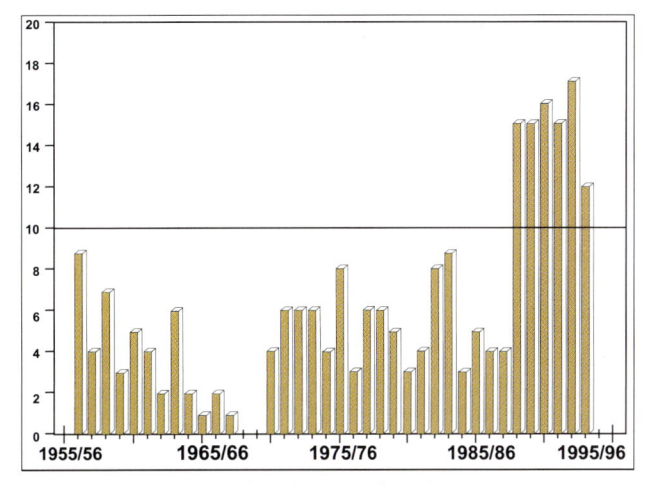

Die Anzahl der jährlichen Sturmtiefs steigt.

Die Schlußfolgerungen

Sicherlich bleibt der Küstenschutz eine vordringliche Aufgabe. Das Wort „De nich will dieken, mutt wieken" behält seine Berechtigung, heute mehr denn je. Deichverstärkung, Sperrwerksbau, Überflutungsköge können das Meer wohl noch lange von dem Zugriff aufs Festland fernhalten. Aber die Bedrohung wächst, und irgendwann könnte Deichbau als absurd erscheinen. Die entscheidende Lösung für das Klimaproblem liegt ganz woanders, nämlich im Denken der Menschen, genauer im Umdenken. Die Belastung der Atmosphäre mit menschengemachten und klimaschädlichen Schadstoffen ist drastisch zu begrenzen. Schleswig-Holstein muß ein besonderes Interesse daran haben, daß dies geschieht. „Als Land zwischen den Meeren wird es von der ökologischen Katastrophe schneller und stärker betroffen sein", so die Warnung der Umweltministerin (1995).
Klimaschutz ist zugleich Menschenschutz und Landschaftsschutz, und – er fängt vor der Haustür an. Von anderen Klimaschutzmaßnahmen einzufordern, dürften wir Schleswig-Holsteiner nur, wenn wir mit gutem Beispiel vorangehen. Ansätze dafür, die sicherlich dringend weiterzuentwickeln sind, gibt es glücklicherweise zahlreich in Schleswig-Holstein. Zu nennen sind die land-

schaftsverträgliche Nutzung der Windenergie und der Solartechnik, der Bau von sparsamen Blockheizkraftwerken, die Nutzung von Deponiegas, Wasserkraft und vieles andere mehr. All dies trägt in unterschiedlichem Maße zu einer Entlastung der Atmosphäre bei. Aber so wichtig politisch-gesellschaftliche Rahmenbedingungen und Steuerungsmechanismen im Feld der Energieversorgung und -nutzung auch sein mögen, der entscheidende Beitrag geht von den Schleswig-Holsteinern selbst aus, von ihrem Willen nämlich, Energie zu sparen. Hier kann jeder einzelne sich um den Klimaschutz verdient machen. Möglichkeiten gibt es dazu genug, zumeist sogar ohne Komfortverlust. Durch die „Aktion Nordlicht" z.B., die Umrüstung auf energiesparende Lampen, sind in Schleswig-Holstein 10 Millionen Kilowattstunden eingespart worden. Beim Autofahren, Heizen von Wohnräumen, in der ökologischen Landwirtschaft und Abfallvermeidung – überall läßt sich Energie sparen. Man muß nur den Willen dazu haben, sein Bewußtsein dafür schärfen. Mit Blick auf die Zukunft unserer Kinder und Enkel sollte einer vernunftbegabten Gesellschaft die Einsichtsfähigkeit in die Belastungsgrenzen unserer Umwelt gegeben sein. Es lohnt sich doch wirklich, den nachfolgenden Generationen ein intaktes Land Schleswig-Holstein mit sauberer Luft und gesundem Klima zu übergeben, ein Land, das vor allem dank der Küsten das schönste, abwechslungsreichste und reizvollste darstellt, das wir in Deutschland kennen – mit Ausnahme natürlich der Heimatländer, aus denen die Leser dieses Buches kommen mögen.

Literatur

Autorenteam des Seewetteramtes: Seewetter, Wetterkunde – Wetterpraxis für die Berufs- und Sportschiffahrt, Hamburg 1984
Bähr, J.; Kortum, G. (Hrsg.): Schleswig-Holstein, Sammlung geographischer Führer, Berlin und Stuttgart 1987
Christoffer, J.; Ulbricht-Eissing, M.: Die bodennahen Windverhältnisse in der Bundesrepublik Deutschland, 2. Auflage 1989
Crutzen, P. J.; Müller, M. (Hrsg.): Das Ende des blauen Planeten? Der Klimakollaps: Gefahren und Auswege, München 1989
Deutscher Wetterdienst: Klima-Atlas von Schleswig-Holstein, Hamburg und Bremen, Offenbach 1967
Deutscher Wetterdienst, Wetteramt Schleswig: Klimadaten Schleswig-Holstein 1961–1990
Eriksen, W.: Beiträge zum Stadtklima von Kiel. Witterungsklimatologische Untersuchungen im Raum Kiel und Hinweise auf eine mögliche Anwendung der Erkenntnisse in der Stadtplanung, Kiel 1964
Frankenberg, P.; Lauer, W.; Rheker, J. R.: Das Klimatabellenbuch, 2. Auflage, Braunschweig 1992
GEO SPECIAL: Wetter, Hamburg 1982
GEO WISSEN: Klima, Wetter, Mensch, Hamburg 1987
Grube, F.; Richter, G. (Hrsg.): Die Deutsche Küste, Frankfurt 1991
Haber, H.: Unser Wetter, Stuttgart 1971
Kerner, D.; Kerner, I.: Der Klima-Report, Köln 1990
Kirschning, E.: Hundert Sommer auf der Insel Föhr. Nordfriesisches Jahrbuch, Bredstedt 1989
Kirschning, E.; Leistner, W.: Das Klima der Nordseeinsel Föhr 1888–1992, Anzeichen einer Klimaänderung, Bredstedt 1993
Kirschning, E.; Flohn, H.; Alexander, J.; Müller, M.: Ändert sich das Sommerklima in Schleswig-Holstein?, Flensburg 1991
Leistner, W.: Das Klima der Westküste Schleswig-Holsteins, in: Ars Medica, H. 2, 1970
Luekenga, W.: Wetter und Klima, Köln 1990
Malberg, H.: Bauernregeln. Ihre Deutung aus meteorologischer Sicht, Berlin u.a. 1989
Minister für Finanzen und Energie des Landes Schleswig-Holstein: Energiekonzept Schleswig-Holstein, Die neue Energiepolitik 13, 1993

Müller, M.: Handbuch ausgewählter Klimastationen der Erde, 4. Auflage, Trier 1987
Newig, J.; Theede, H. (Hrsg.): Die Ostsee. Natur und Kulturraum, Husum 1985
Petersen, M.; Rohde, H.: Sturmflut, Die großen Fluten an den Küsten Schleswig-Holsteins und in der Elbe, Neumünster 1991
Rocznik, K.: Kleines Wetterlexikon, Stuttgart 1984
Rocznik, K.: Wetter und Klima in Deutschland. Ein meteorologisches Jahreszeitenbuch mit aktuellen Wetterthemen, 3. Auflage, Stuttgart 1995
Roth, G.: Wetterkunde für alle, München 1977
Schmidtke, K.-D.: Die West-Ost-Verteilung des Niederschlags in Schleswig-Holstein, in: Die Heimat, Heft 9, 1983
Schmidtke, K.-D.: Die Entstehung Schleswig-Holsteins, 3. Auflage, Neumünster 1995
Schönwiese, C.-D.; Diekmann, B.: Der Treibhauseffekt. Der Mensch ändert das Klima, 2. Auflage, Reinbek 1991
Schöpfer, S.: Wie wird das Wetter? Eine leicht verständliche Einführung in die Wetterkunde, Stuttgart 1981
Schott, C.: Die Naturlandschaften Schleswig-Holsteins, Neumünster 1956
Sethe, H.: Der große Schnee. Der Katastrophenwinter 1978/79 in Schleswig-Holstein, 13. Auflage, Husum 1993
Sönnichsen, U.; Moseberg, J.: Wenn die Deiche brechen, Sturmfluten und Küstenschutz an der schleswig-holsteinischen Westküste und in Hamburg, Husum 1994
Stewig, R.: Landeskunde von Schleswig-Holstein, Kiel 1978
Thiede, K. (Hrsg.): Schleswig-Holstein, Landschaft und wirkende Kräfte, Essen 1962
Wachter, H.: Wie entsteht das Wetter, Meteorologie für jedermann, Frankfurt 1969
Walch, D.; Neukamp, E.: Der große GU Ratgeber. Wolken, Wetter. Wetterentwicklungen erkennen und vorhersagen, 2. Auflage, Paderborn 1990
Wieland, P.: Küstenfibel, Heide 1990